Isabella Ben Charrada

Die Stadt der Brillenmacher

2021 Isabella Ben Charrada
Umschlag: Irina Naruga
Satz: Erik Kinting – www.buchlektorat.net

Verlag und Druck:
tredition GmbH
Halenreie 40-44
22359 Hamburg

978-3-347-25137-3 (Paperback)
978-3-347-25138-0 (Hardcover)
978-3-347-25139-7 (e-Book)

Bibliografische Information der Deutschen Nationalbibliothek:
Die Deutsche Nationalbibliothek verzeichnet diese Publikation in
der Deutschen Nationalbibliografie; detaillierte bibliografische
Daten sind im Internet über http://dnb.d-nb.de abrufbar.

Über die Autorin

Isabella Ben Charrada, Autorin, schamanische Begleiterin und Beraterin, arbeitete lange Zeit für das Europäische Parlament in Straßburg und die Europäische Kommission in Luxemburg. Sie schrieb immer parallel zu ihrer alltäglichen Beschäftigung für Europa, meist Alltagspoesie mit humoristischer Verve. Sie liebt Schüttelreime – hat das Leben die gebürtige Hamburgerin in Nordafrika, Belgien, Frankreich und Luxemburg doch selbst auch oft genug durchgeschüttelt.
Jetzt lebt und schreibt sie wieder in Hamburg.

Bisher erschienen:

Kurzgeschichten in „So nah und doch so fern – Die Geschichten mit den Eltern"
Hrsg. Herrad Schenk

„Der Ernst des Lebens – Verständigungstexte"
Hrsg. Ruth-Esther Geiger und Hartmut Klenke

„Lauffeuer", Lyrik, CD
Body Talkies – Gedichte", Buch und CD

Finden
verbinden
Schritt für Schritt
Mit – mit – mit

Hallo!

Jetzt sitzen Sie da und erwarten von mir, dass ich Sie ablenke, unterhalte – oder was immer Sie sich so vorstellen. Ich kenne Sie nicht – Sie mich nicht – und da sind wir mitten drin: Sie haben sicher schon etwas übers Träumen gehört oder gelesen. Vergessen Sie es! Sag ich, denn ich muss es ja wissen! Weil ich direkt aus dem Land der Träume komme. Grenzgängerin bin ich – zwischen Tag und Nacht und heiße Ira.

Denn bei uns lebt man in farbigen Bildern, Szenerien. Sprache fließt oder tröpfelt – je nach dem – Symbolsprache, die in einem Wort viele verschiedene Aussagen verdichtet – Kürzel – Torbögen – Hängebrücken.

All Ihr Tagmenschen kommt in unser Nachtland, begegnet Eurem Doppelgänger und statt euch mit ihm zusammenzutun, zuzuhören, zu lernen, streitet Ihr euch. Jeder behauptet, nur er sei das wahre "ICH". Ihr kehrt in den Tag zurück und habt fast alles vergessen. Kaum macht ihr die Augen auf, wird der Spiegel blind, in dem ihr gelesen habt. Und damit werden wir auch immer blasser und bildschwächer.

Aber Sie sind bei uns auch Ausländer – wie ich bei Euch – und so lassen Sie es uns halt miteinander versuchen. Warum? Tja, ich bin so eine Art – Botschafter.

Ich bin also Grenzgängerin aus Notwehr geworden. Ich suchte meinen Tagschatten – der mich, klaro, nur für einen Nachtschatten hielt, und ich will Ihnen davon erzählen, wie wir zusammen kamen, eine Gestalt wurden und nur noch einen Schatten werfen.

Mit Eurer Sprache habe ich so meine Probleme, so mach' ich's wie einige von Euch: ich rette mich durch Schnoddrigkeit. Aber Sie merken schon – das ist wie Hinken auf drei Beinen.

"Ira, du hast noch nicht alles gesagt!"

"Stimmt. Mich ärgert dieses "Träume sind Schäume". Ich bin die Gleichgültigkeit der Tagmenschen und den Krieg zwischen Tag und Nacht leid."

"Bist du eine Friedenstaube?"

"Mach' dich nur lustig über mich! Seitdem wir uns hören und fühlen können, näher spüren, sind wir fidel wie schon lang nicht mehr, oder?"

"Ja, schon."

"Die Tagländer müssen ihre Träume wiederfinden, denn ihre Träume sind unser Leben!" ist das Motto unseres Ober-Wolkenschieber (weiser Traumtänzer und Phantast).

In diesem Sinne, auf geht's!

1

Eines Nachts fand ich Bella in einem Schlafsack, zusammengerollt wie ein krankes Tier. Zwischen Steinbrocken und neben einem kümmerlichen Strauch. Nicht weit von der Stadtmauer der Brillenmacher. Im Niemandsland.

Gehört hatte ich sie nur, weil sie vor dem Einschlafen immer wieder schluchzend und schniefend vor sich hinleierte: "Keiner hört mir zu – ich bin so allein!"

Zuerst erlauschte ich nur schwache Geräuschfetzen, die aber wie Lichtsignale aufblitzten und mich neugierig machten. Dann wurde es immer lauter, als drehe jemand ein Radio auf, und schließlich verstand ich alles ganz deutlich – und wurde wütend.

So ein Quatsch – "Keiner hört mir zu!" – Bella war ja nie zu mir gekommen. Ich wollte ja schon die ganze Zeit nichts anderes als zuhören, bei ihr sein. Wie konnte sie sagen, dass sie allein war! Und ich? Ich bin doch auch noch da!

Aber dann tat Bella mir leid, wie sie so verkrümmt dalag. Ich setzte mich zu ihr, flüsterte ihr ins Ohr: "Komm' schon, ich bin doch hier. Du bist nicht allein. Erzähl' mir alles!"

Dachte, nun fängt sie an – aber nein.

Sie wälzte sich hin und her, bis ihr der Reißverschluss des Schlafsacks über die Nase rutschte und prompt war sie in ihren

Kinderalbtraum hineingeraten. Fiel von einer Brücke – fiel und fiel – in waberndes Zwielicht, und die Angst vor dem Aufprall presste auf Kehlkopf und Brustkorb.

Schnell zog ich den Schlafsack von ihrem Gesicht und schickte ihr einen Flugtraum. Nun flog sie über weite Landschaften – gemächlich, schwerelos und von Regenbogenvögeln begleitet.

Sie wurde ruhiger, liess das Zähneknirschen, landete an einer Quelle, die in der Sonne glitzerte und streckte sich im weichen Moos aus. Wassertröpfchen sprengten auf ihr Gesicht und dann sah und hörte sie mich – endlich.

Nachdem Bella noch viele Male stotternd und seufzend ein- und ausgeatmet hatte, machte sie den Mund auf, wieder zu, grinste schief und sagte dann: "Da bist du ja wieder!" – – "Als ich kleiner war, bist du immer dagewesen. Und dann habe ich dich verloren. Ich weiß nicht mehr genau, wann.

Als Mutti ihre Brille nicht mehr abnahm – als Vati wegging? Oder später?

Ich weiß nur noch, dass du nicht plötzlich verschwunden bist. Es wurde nur immer schwerer, dich zu hören und zu sehen. Neue, dunkle Bilder funkten dazwischen, löschten deine leuchtenden Farben hie und da aus, überdeckten immer größere Flächen mit Dämmer – eine schummrige Zärtlichkeit, die mich traurig machte. Dann wurde mehr und mehr undurchsichtig, fleckig, dunkelte ein, verdunkelte sich – Finsternis, die wie saugende Brunnenlöcher die Farben verschluckte. Nacht wurde Angst, und Angst wurde zu schwarzen offenen Mündern. Die schnappten: "Sei stille! Sitz nicht so krumm! Setz deine Brille auf! Sonst holt dich … "

Harte Stimmen, ein Zischen und Zubeißen.

Schwere Hände drückten auf mir, Ira.

Ich rannte und hetzte fort – Bewegung ließ alles als Hintergrund zurück.

Aber ein riesiger Schatten warf sich auf meinen Rücken.

Wieder und wieder kam ich zur Brücke, fühlte das Fallen, dem Aufprall nahe, Angst – Panik – nie Erlösung.

Ohne zu wissen, wie ich mein Gleichgewicht verloren hatte.

So fasse ich das heute in Worte ein – aber damals?

Nein, früher hatte ich keine Worte dafür.

Waren es Unterwasserklänge oder lautlose Bilder hinter geschlossenen Augenlidern, Kehlezuschnüren oder Zerren und Mitgerissenwerden?

Die, die ich einmal war, ist irgendwo dahinten – eingesperrt – Türen – Türen – große rostige Vorhängeschlösser. Wenn eine Tür endlich aufgerüttelt ist, wieder nur ein lichtloser Raum und ein neuer Türblock. Dumpf. Geschrumpft. Ich kann es nicht mit Worten greifen."

"Lass nur, Bella. Später einmal werden wir Türen und Fenster aufreißen – Licht und Farben in diese Räume hereineinlassen. Du wirst eine neue Sprache lernen – Bilderhören und Tönesehen. Lass nur alles heraus, wie es kommt. Ich bin kein Deutschlehrer – Worte sind für mich nur Spiegelscherben, Passepartout und Wolkenflitzer. – Erzähl weiter!"

"Rück' ein bisschen ran, dann wird mir gemütlich.

Es ist schön hier. Grün – diamantweiß, warm. Zurückgehen ist für mich Totentanz."

"Nein Bella, eher Gräberausheben und Begraben. Loskommen und Loslassen, Annehmen und in den Arm nehmen. Freischaufeln. Eine Reise zu dir."

"Gut, dass du mich daran erinnerst. Ich habe immer noch den Blick durch meine dunkle Brille. Meine Augen haben sich noch nicht umgewöhnt – Brillenrand und – tönung sind noch als Nachbild in meinem Hirn. Obwohl ich gestern Abend dieses elende Gestell zertrampelt habe! Weggelaufen bin aus der Stadt der Brillenmacher! Und …"

"Langsam, langsam, Bella! Alte Oma ist kein D-Zug!"

"Ich lache ja!?

D-Zug – den gibt's nicht mehr. Aber Tante Hedi, die Äppeltante, sagte das immer zu mir. Wenn ich an ihrem Rock zog, damit sie schnell mitkommt. "Bitte! Jetzt gleich!!" Ich wollte mein Staunen mit ihr teilen, es noch größer machen. Schob sie endlich ihr rechtes Bein vor, hörte ich den D-Zug dampfen und vorwärtsstampfen. Das passte zu meiner Vorfreude.

Freude – Worüber habe ich mich gefreut??

Wenn mir jemand zuhörte, mitkam, mit mir teilen wollte, Zeit für mich hatte, mir Geschichten erzählte und das Um-mich-herum erklärte. Schon immer hatte ich so viel zu erzählen, und so oft schnitt man mir die Worte durch. Ich fragte so gern – das war wie Anschleichen. Aber schnell hieß es wieder: SEI STILLE!

Reden wie ein Herantasten, Wärme suchen, nicht mehr allein.

Zuhören wie Staunen und Verzauberung und wer sein.

Ach, Ira, du sagst das so einfach: "Lass alles heraus!"

Ich muss zuerst einmal dieses "SEI STILLE" loswerden.

Hin und her, runter und tiefer, höher und treibend sind die Teilchen in meinem Kopf, kaleidoskopgeschüttelt."

"Bella, du hockst da wie auf einem Ameisenhaufen, drückst die armen Viecher platt und wunderst dich, dass sie dir in den Allerwertesten zwicken! – Fang doch am Anfang an! – Nein, nicht der Ordnung halber. Ich weiß doch, da fällt dir nur deine Mutter und ihr "Ordnung ist das halbe Leben" ein. – Weil's einfacher ist, deshalb – ein Konzentrationspunkt, nichts weiter. Ja?"

"Na gut, aber was weiß ich schon über diesen Anfang?"

"Bella! Entweder willst du nun erzählen oder nicht!"

Schweigen. Bella war beleidigt. Sie wollte, dass ich über ihre Gehirnblähungen mitjammere. Aber nicht mit mir! Ich puste lieber den heißen Brei kalt, statt drumherum zu schleichen. Aber Bella?

Bella wollte zwar reden, aber doch nur darüber, dass sie nicht erzählen – nicht leben konnte. So ging das aber nicht!

Ich musste nachdenken und um Zeit zu gewinnen, bat ich unseren Traumjoker, sich um Bella zu kümmern. Er kam auch gleich angehüpft und verwickelte sie in allerlei Rau. Ich schaute noch einmal auf ihr Gesicht: die Augäpfel rollten unter den geschlossenen Lidern und so wusste ich: Bella hatte erstmal zu tun.

2

Ich setzte mich ein Stück abseits in eine kleine Mulde, den Rücken gegen einen Stein. "Nur Bella kann mir alles erklären", kam mir in den Sinn. Also schlüpfte ich in Bellas Kopf, um ihren letzten Tag in der Stadt der Brillenmacher zu erleben.

"Erleben?" fragen Sie. "Ja!

Ich kann nicht nur zuhören, ich kann auch gleichzeitig all die Bilder in Bellas Kopf sehen und mich hineinfühlen. Jetzt, wo Bella nicht mehr in der Stadt ist.

Für euch Tagländer ist das Gehirn ja nur Schalt- und Steuerzentrale – Nervenzellen, die alle Eindrücke weiterleiten, koordinieren, lagern oder tatkräftig machen, wie mir unser Taglandkorrespondent erklärte.

Für uns aber ist es eher wie ein langer Gang mit unzähligen Türen. Hinter jeder eine gelebte Stunde oder auch nur ein paar Sekunden. Wenn ich eine Tür öffne, so bin ich mittendrin, sehe, rieche, höre und fühle mit.

Nun war ich also in der Stadt.

Wie sich alles verändert hatte seit meinem letzten Besuch!

War es schon so lange her?

Ja, es mussten viele Jahre vergangen sein.

Seitdem die Tagländer ihre Häuser und Stadtmauern mit Vernunftschirmen bestückt hatten, konnten wir nur noch in ihr Land, wenn wir gerufen wurden.

Aber wer rief uns schon?

Kinder, viele Alte, sogenannte Kopflose, einige Aufmucker. Und die hatten es schon schwer mit dem Rufen, bei all den Ratioapparaten.

Ab und an gelang uns eine List, denn so Mancher, der uns studierte oder klassifizierte, wurde von unserem Joker beschwatzt und ließ uns heimlich ein.

Vieles wusste ich nur vom Hören-Sagen.

Bella hatte mich so lange nicht mehr gerufen.

Ich wollte Bellas letzten Tag nicht nur erleben, sondern auch verstehen – aber wie sollte ich verstehen, wenn ich ihre Stadt kaum kannte! Beim letzten Besuch bei Bella war sie noch sehr klein, wusste wenig über ihre Umwelt. Wie konnte ich daran anknüpfen? Ach ja, unser Korrespondent fiel mir ein.

Mit einem Gedankenblitz schaltete ich mich zu ihm. Er war grad' im Traum eines Studenten von der Universität „*Überblick*". Ich grinste in mich hinein, denn der Studiosus würde gleich eine kleine Stadtrundfahrt machen.

Fliro, unser Korrespondent, begann auch sofort: "Diese Stadt liegt am Strom Blee, 180 km vom Nordmeer und wird von einem kleinen Flüsschen, der Strela, durchquert, die sich hier- und dorthin verzweigt, in der Innenstadt zu einem großen und einem kleinen Becken aufgestaut ist und den Stadtpark säumt, bevor sie die Stadt verlässt.

Im Mittelalter entstand die Stadt um eine Burg herum, die durch eine Mauer befestigt war. Nach und nach wurden die umliegenden Dörfer von der Stadt eingemeindet, die Stadtmauer erweitert und um die Neuerwerbungen gezogen.

Aber komm, das schauen wir uns mal von oben an, Vorträge sind immer so langweilig", sagte Fliro und schon waren wir hoch über der Stadt, die mit dem Zick und Zack ihrer Mauer wie ein riesiger Stofffetzen mit ausgestanzten Rändern aussah.

Ich blickte auf die fünf Stadttore hinunter – eins zum Hafen, eins zur Autobahn nach Norden, eins nach Süden, eins nach Westen und eins nach Osten, und die Strassen schlängelten sich zur Stadt hinaus wie Krakenarme.

Die Mauer: ein Flickwerk – alte restaurierte Teile, lange Strecken Betonwall, aber mit Mosaiken und Mauergemälden, hie und da eine Statue und über allen Toren riesige Brillen mit goldenen Gläsern und nicht zu vergessen, überall, wie schwarze Warzen, die Vernunftschirme.

"Jedes Tor wird streng bewacht", hörte ich nun Fliro wieder, "man kommt nur mit Ausweisen hinein oder hinaus. Wenn Brillenlose in die Stadt wollen, werden sie gründlich kontrolliert. Es heißt, sie haben eine Augenkrankheit – nicht so wie die Blinden – nein, viel schwerwiegender. Sie müssen den Nachweis erbringen, dass sie nicht ansteckend sind und brauchen eine Sonderaufenthaltsgenehmigung, die selten gewährt wird. Im Zweifelsfall bringt man sie ins *"Ausblickkrankenhaus* auf die Quarantänestation oder weist sie ab."

Ich schaute wieder hinunter, sah all die Autos, Schiffe, Fahrräder, Busse, Bahnen und Menschen, ein Pulsieren, so dass mir fast schwindelig wurde.

Nord- und Hafentor waren ganz modern, in Glas und Stahl, die Tore selbst in Eisen mit Kupferbeschlägen.

"Jedes Tor wird von 10 Torhütern bewacht", meinte Fliro, " aber die Hauptarbeit machen die Computer. Niemand muss mehr die Tore eigenhändig öffnen oder schließen. Pünktlich um 6 Uhr früh sirrt es und die Tore schwingen auf und um 2 Uhr nachts wieder zu. Auch das Alarmsystem und alle Vernunftschirme werden vom Zentralcomputer "**Schauklar XZ4**" gesteuert."

Nicht weit vom Westtor sah ich die Hafenanlage: Lagerschuppen, bunte Kästen aufgestapelter Container, Kräne und Laufkatzen, Docks, Werften, moderne und ein paar Häuserzeilen alter Bürogebäude, Hafenbecken, Kaimauern, Brücken, Fähren, Schlepper, Schuten, Dampfer und Ozeanriesen im milchkaffeetrüben Wasser.

Als hätte jemand Bauklötzer ausgeschüttet – so sah alles von oben aus – und würde nun mit unsichtbaren Händen darin rumfuhrwerken.

Dort, wo die Stadtmauer einige Zickzacks aus Beton machte, neue Stadtviertel: Fabrikschlote und Rieseneier, dicke Türme – von Raffinerien und dem Gaswerk – graugeklotzt, qualmig – nah am Hafen. Weiter zum Süden hin das große Elektrizitätswerk – Drähtegewirr und Hochspannungsmasten, Riesenstecknadeln in verknäulten Fäden.

Zwischen Nord- und Osttor der Sender für Radio und Fernsehen mit seinen weißroten Antennen und dem Funkturm, der einen Lichtfinger über die Stadt kreisen ließ. Alles so fein und dünn wie Mikadostäbe.

Der Flughafen im Osten: Flugfelder im Schachbrettmuster, eine riesige Schachtel mit viel Glas – das Flughafengebäude und der Abfertigungsturm wie ein umgestülpter Zauberhut, aber nicht so schön bunt und mit Sternen, nein, auch Grau und Glas. Busse und kleine Wägelchen flitzten hin und her, Flugzeuge wurden aufgetankt, eines war gerade angekommen und Reisende schoben sich die Gangway hinunter. Da wurde beladen und entladen, Stewardessen in blau und gelb fuchtelten mit den Armen und winkten Passagiere heran. Eine Maschine hob ab, zog einen Bogen in den verhangenen Himmel und verschwand in den Wolken.

In diesen Randbezirken sah ich aber auch Wohngegenden: Ansammlungen von Hochhäusern – Kantklötze, kleinere und größere, kaum Bäume, Sträucher oder Rasen. "Grünanlagen nehmen zu viel Platz weg", fiel mir Fliro in meine Beobachtungen. "Dafür sind die Häuser mit psychologisch fein abgestimmten Brillenfarben getüncht, damit ihre Bewohner nicht trübsinnig werden. Und die Attraktion: alle zuasphaltierten Straßen, Wege und Pfade sind mit Fluorantrazit beschichtet und leuchten "sternig" in der Dunkelheit. – Schlafsilos werden diese Häuser auch von manchen genannt, weil tagsüber alles in die Stadt zur Arbeit strömt. Übrig bleiben ein paar Alte, Kranke, Hausfrauen, Kinder, Arbeitslose und die Aufmucker, die nicht zur Arbeit wollen – hocken da im Beton und werden ganz dumpf im Kopf oder randalieren, bekritzeln Wände und reißen Telefonhörer aus den Kabinen. Aber grad' von hier rufen uns immer mehr Tagländer."

Es gab auch Stadtviertel, wo es grün und bunt von Blumen leuchtete, nicht nur aus dem Stadtpark.

Nahe am Nordtor, wo eine frische Brise vom Strom Blee herüberwehte, die Residenz der Brillenmacher und der reichen Kaufleute – vornehm wie eine alte Gräfin mit ihrem Edelsteinschmuck:

16

Villen, gepflegte Gärten, Parks, Glitzern von Teichen und die von wiegenden Trauerweiden eingefassten Seitenarme der Strela.

Aber nicht weit von solcher Pracht Mietshäuser mit nässefleckigen Brandmauern, an denen Reklametafeln für Waschpulver oder neuartige Brillengestelle hingen. Ein trostloses Einerlei, nur die Strassen waren oft von alten Kastanienbäumen flankiert. Dazwischen ein altmodisches Gebäudeviereck. "*Die Blick-nach-vorn-Kaserne*", ließ sich Fliro wieder hören. "Alles arme ratiogeschüttelte Soldaten dort, die nur eines lernen: gehorchen und wie man am besten Menschen umbringt oder in Angst und Schrecken versetzt. Sollen die Stadt verteidigen – gegen Brillenlose und anderes "Gezücht" – obwohl die ja auch Tagländer sind. Aber ein Tagländer ist des anderen Feind – oder besser gesagt, eine Horde – hier die der Brillenmacher – der anderen Horde. Die Soldaten müssen auch dafür sorgen, zusammen mit der Polizei, dass keinem einfällt, seine Brille abzusetzen oder sich zusammenzurotten, mit den Nacktäugern zum Beispiel. Die Nacktäuger behaupten nämlich, man könne ohne Brille besser sehen und die Brillenmacher wollten nur durch den Zwang zum Brillentragen die Leute blind machen, ihnen das Geld aus der Tasche ziehen und das Kastensystem aufrechterhalten, wo viele arm und nur wenige reich sind, würden lügen, wenn sie die Stadt die der Brillenmacher nennen, wo doch die meisten Bewohner keine Brillenmacher, sondern nur einfache Brillenträger sind. Man sagt den Nacktäugern – die nur so heißen, aber doch ihre Brillen tragen, denn sonst säßen sie schon längst im Gefängnis – "Geht doch zu den Blinden oder Brillenlosen!" Aber sie haben ihre Anhänger, vor allem unter den Jugendlichen und deshalb wird jedem Soldaten und Polizisten eingeschärft: "Keine Gnade für Nacktäuger!"

Da drüben, in der Innenstadt, am großen Becken der Strela, steht das Polizeihochhaus "*Scharfblick*" – das höchste der Stadt mit seinen 35 Stockwerken und dem Zentralcomputer. Die Polizei hat in jedem Stadtteil mehrere Wachen und regelt alles, vom Verkehr in den Straßen bis zum kleinsten Verstoß gegen die Brillenmachergesetze. Immer auf der Lauer, eine dicke Spinne in ihrem Netz. Ich kann die Polizisten und Soldaten nur an ihren verschiedenen Uniformen unterscheiden. Es ist so schwer, in deren Köpfe zu kommen und Genaueres zu erfahren. Sie sind alle so schrecklich vernünftig", klagte Fliro.

Ich lugte zu dem hohen Block hinüber: verspiegelte Fensterfronten, damit man nicht hineinschauen konnte, Antennen auf dem Dach und ein Hubschrauberlandeplatz, unten schossen sirenenheulend und mit kaltblauem Aufblinken Polizeiautos aus den Tiefgaragen, und in einen Mannschaftsbus stiegen mit Helmen, Knüppeln und Schilden Bewaffnete ein. Ob die wohl gegen die Nacktäuger ausrückten?

So viele Häuser: Warenhäuser, an deren Fassaden Neonreklamen morsten, Bürohäuser, moderne, wieder in Stahl, Beton und Glas, aber auch ältere, mit verzierten Fassaden, gediegen – Schulgebäude, alte, düstere mit Höfen voller breitkroniger Bäume oder moderne Flachbauten mit asphaltierten Schulhöfen, ein paar Bäumen und Bänken. Sportplätze mit schwärzlichen Aschenbahnen, Fußballtoren oder lösrote Flächen, wo Weißgekleidete Tennis spielten. Hallen – Schwimmhallen, Turnhallen, Konzerthallen, Messehallen, eine glasgedeckte Markthalle in der Nähe des Bahnhofs. Krankenhäuser, auf deren Grünflächen Menschen in Bademänteln vorsichtig auf und ab gingen, ein Hinein und Hinaus von

Krankenwagen und Tragen mit eingewickelten Gestalten wurden hastig vorwärtsgeschoben. Irrenhäuser, deren Bewohner keine Brillen tragen wollten und schrille Schreie ausstießen oder nur stumm vor sich hinstierten. Altenheime, vor denen Rentner auf Bänken saßen oder auf einen Stock gestützt über Kieswege schlurrten.

"In den Krankenhäusern werden die Bebrillten geboren – ohne Brille, natürlich", meldete sich Frilo, "man klopft ihnen auf den Rücken, damit sie ordentlich schreien, wiegt und misst sie, untersucht sie und windelt sie ein, schnell weg von der warmen Haut ihrer Mütter, auf eine Babystation, wo die Armen dann jämmerlich weinen. Alles wie am Fließband zwischen blitzenden Gerätschaften und allerlei Computern und Apparaten. Es werden Karteikarten von ihnen angelegt, sie werden gemeldet bei den Ämtern und alles wird vom Zentralcomputer gespeichert. Dann bleiben sie ein paar Jahre bei ihren Müttern oder kommen in eine Babykrippe, wenn die Mütter arbeiten müssen oder ins Waisenhaus, wenn sie keine Mütter haben. In dieser Zeit werden sie zum Brillentragen dressiert, zum Sprechen, Saubersein, Dankesagen und vor allem zum Gehorchen, wie bei den Soldaten. Dann geht's in den Kindergarten, wo sie von Mitkindern und Kindergärtnerinnen weiter dressiert werden. Aber, wenn du meinst, das sei ein richtiger Garten für die Kinder – nein, schau bloß mal runter: wenig Grün vor diesen Häusern, ein paar armselige Spielgeräte und immer ein Zaun drumherum. Oder sie müssen in Reih und Glied spazieren gehen. Aber die Gärtner, da drüben, nahe am Westtor, hinter dem Friedhof, die pflanzen ja auch alles in Reih und Glied, da passt der Name Kindergarten wohl doch.

Weiter in die Schulen mit ihnen, wo ihnen beigebracht wird, wie ein Bebrillter zu sein hat. Auch über die stolze Geschichte der Brillenmacher lernen sie Daten: Kriege, Eroberungen und Gesetze; sie lernen Wissenschaften, Künste, Sport, fremde Sprachen (damit sie andere Tagländer verstehen und bespitzeln oder mit ihnen Handel treiben können, was fast aufs gleiche rausläuft). Sie werden regelmäßig untersucht, geprüft und eingeordnet. Manche kommen auf Sonderschulen, weil sie schwer dressierbar sind und keine Brillen mögen, trotz aller Anstrengungen der Eltern und Lehrer. Vielleicht sind sie auch krank oder mit einem Körperfehler zur Welt gekommen und passen deshalb nicht in die normalen Schulen.

Es gibt Volks-, Sonder-, Mittel- und Oberschulen. Da wird aussortiert und meist sind es die Kinder reicherer Eltern, die ihre Abschlussprüfung auf der Oberschule machen und dann zur Universität gehen.

Aus den Kindern werden Heranwachsende und die müssen sich dann ans Geldverdienen machen.

Eine Pyramide von Berufen und Tätigkeiten erwartet sie.

Ganz oben die Reichsten, die Brillenmacher. Dann die Kaufleute mit ihren fetten Bankkonten, die Reeder und Besitzer von Fabriken (wobei die Brillenmacher auch oft Besitzer von allerlei sind, was Geld einbringt), Eigentümer von Warenhäusern, Mietshäusern und noch vielem mehr. Ihr Geld legen sie bei den Banken an und deren Direktoren stehen auch ganz oben. Oder sie spekulieren damit an der Börse, gewinnträchtig, denn sie kennen sich aus oder kennen Leute, die ihnen gute Tipps geben können. Oder sie investieren: kaufen Neues, erweitern, treiben Handel über die Stadt hinaus.

Ganz unten die Arbeitslosen, die Ungelernten, die Alten, die in ihrem Leben auch schon unten oder vielleicht in der unteren Mitte waren und keine große Rente beziehen oder solche, die durch Spekulationen und Betrug, auf den sie hereingefallen waren, arm geworden sind. Die Irren, die Arbeitsunfähigen oder die, die keine Arbeit finden, die Mißgeborenen, die Blinden und Invaliden, auch viele Frauen, die ihre Kinder allein aufziehen müssen – all die – und so zahlreich sind sie – werden gedrückt und hinuntergepreßt in einen Sumpf, der sie Stück um Stück eingesaugt.

Die Arbeiter sind am oberen Rand dieser Basis, manche steigen auf zur Mitte, manche fallen hinab. Müssen in den Fabriken, Werften und anderswo die Dreckarbeit machen, alles Monotone, werden wie Menschenmaschinen gehandelt.

In der Mitte die kleinen Geschäfte, kleinen Gewerbetreibenden, Angestellten der Büros, die Fabriken und Geschäfte, alle, die Dienstleistungen erbringen in den vielen verschiedenen Einrichtungen und die mittleren Beamten der Stadtverwaltung. Darüber die höheren Angestellten, die höheren Beamten, dann Freischaffende, Ärzte, manche Künstler (die in Mode sind, andere kannst du auch ganz unten finden), gutbezahlte Journalisten, die den Ruhm der Brillenmacher zu pflegen wissen in Wort und Bild, Professoren und allerlei andere Spitzenverdiener.

Dann gibt es noch Gauner, kleine oder große Betrüger, Zuhälter und Verbrecherbosse, die viel Zaster und manchmal auch viel Macht haben, sich aber lieber unauffällig im Hintergrund halten und von dort aus ihre Machenschaften dirigieren.

In dieser Pyramide ist ein Gewimmel – der reinste Bienenstock. Es geht auf und ab wie in einem Paternoster, aber oben und ganz, ganz unten verändert sich nur wenig.

Vorbei die Kindheit. Keine Zeit mehr, in Muße zu leben, zu spielen, Streiche auszuhecken, vor sich hinzuträumen, im Zoo fremde Tiere zu bestaunen, ohne sich auch nur eine Minute zu langweilen, weil jeder Tag noch wie ein Wunder ist. Nun stehen sie da, diese Jugendlichen – oder besser gesagt, schwimmen in einem großen Kübel, werden über diese Pyramide ausgeschüttet und bleiben irgendwo hängen oder finden und finden keinen Platz. Die Eltern schieben und stoßen, drängeln und quetschen.

Mancher schafft es, das zu werden, was er möchte. Die meisten nicht. Viele werden das, was ihre Eltern von ihnen erwarten. Die Kinder von Reichen bekommen die guten Plätze, die anderen müssen eben sehen, wo sie bleiben, schließlich heißt es: "Bei uns kann jeder Brillenmacher werden!" – Was glatt gelogen ist.

Ein Hasten und Eilen, Gedrücktwerden oder Drücken durch den langen Gang der Jahre. Sie heiraten auf den Ämtern, bekommen Kinder in den Krankenhäusern oder liegen selbst dort, wenn ihr Körper streikt. Wählen ihren Oberbrillenmacher und seine Beisitzer und das Parlament aus Nicht-Brillenmachern, das sich in verschiedene Parteien aufteilt, die mit ihren unterschiedlichen Strategien und Meinungen, meist Vorurteilen, das Stadtvolk repräsentieren sollen. Da herrscht ein Gestreite und Geschreie – aber es läuft doch darauf hinaus, dass die Brillenmacher das Sagen haben.

Sie gehen in Kirchen oder Wirtshäuser, die Männer zu den Frauen im Vergnügungsviertel, die Frauen zu Ärzten oder Pfarrern. Reisen vom Bahnhof oder Flugplatz ab, aus Geschäftsgründen oder in den Urlaub oder auf Nimmerwiedersehen (was selten vorkommt). Sie fahren mit der U-Bahn von der Arbeit nach Haus', von zuhause zur Arbeit und samstags mal zum Großeinkauf in die Stadt oder sonntags zum Ausflug in den Hafen.

Werden sie alt, ab in die Altenheime oder auf spezielle Krankenstationen – bis auf die Wenigen, die sich Besseres leisten können.

Werden sie unglücklich und kein Seelendoktor kann mehr helfen und sie reißen vielleicht sogar ihre Brillen runter, bleibt nur noch das Irrenhaus – weggeschlossen – ins Schauhaus.

Wollen sie nicht mehr oder können sie nicht mehr, sieht man sie als Pennbrüder und Pennschwestern herumschleichen. Oder sie werden Trinker oder Drogensüchtige, um nichts mehr sehen zu müssen und landen auch auf irgendwelchen Endstationen. Manche bringen sich auch um, weil sie keinen Ausweg mehr finden.

Werden sie Aufmucker, macht man ihnen das Leben schwer oder verschließt sie ins Gefängnis.

Zum Schluß bleibt ihnen – je nach Kontostand des Verstorbenen oder seiner Familie – ein großes oder kleines Plätzchen auf dem Friedhof mit einem Marmorstein, auf dem ihr Name eingemeißelt ist, Geburts- und Todesdatum und oft ein sentimentaler Spruch aus ihren Kirchenbüchern.

Zu Lebzeiten redeten ununterbrochen Stimmen auf sie ein, was sie zu tun hätten. Aus den Pressehäusern die Zeitungsstimmen, aus den Funkhäusern die Unterhaltungs- und Politikerstimmen, aus dem Rathaus die "*Du-sollst*"-Stimme, aus den Kirchen *Brillenmacher-Gottes* Stimme. Aus den Bars des Weingeists Stimme, den Warenhäusern die "*das-musst-du-haben*"-Stimme, an den Arbeitsplätzen die "*Tu das und nichts anderes*"-Stimme, hinter den Bankschaltern die "*Mehr-mehr*"-Stimme, von ihren Eltern die "*Fall bloss nicht auf*"-Stimme und aus ihrer Wohnung die "*Weiter hoch*"-Stimme.

Ob sie wohl nun im Grabe endlich Frieden finden?

Fliros Bericht machte mir ganz schwarz vor Augen, aber ich dachte mit traumländischer Zärtlichkeit: ja, die Tagländer müssen ihre Träume wiederfinden, sonst ersticken sie noch an ihrer so gelobten Vernunft.

Ich schaute noch einmal auf die Stadt hinunter, ihr Muster aus grünen und bunten, steingrauen und schmutzigbraunen Flächen, den silbrig glitzernden Bändern der Strela, die feuchten Augen der Teiche und Becken, dem Punktegeschüttel von fahrenden Autos, Menschen, Lichtern, der Farbgirlande des Vergnügungsviertels am Hafen, wo die Frauen zur Ware wurden, dem protzigen Blick-auf-Rathaus, schräg gegenüber vom Kontrollzentrum-Polizeihochhaus – nur durch ein paar Häuserblocks und Straßen getrennt – dem Bahnhof, ein Stück weiter und der Hauptpost mit ihrem Bauch voller Telegramme, Geschäftsbriefe, Grußkarten, Mitteilungen, Heirats- und Todesanzeigen, Liebesbriefe und Abschiedsbriefe und es blubberte darin von den vielen Telefonanrufen. Ich sah zum Zoo am Südtor hinüber mit seiner künstlichen Landschaft und den vielen Tieren in Käfigen, nicht anders als die Menschen in ihren Häusern.

Das Netzwerk der Straßen: Alleen, Prachtstraßen, Ringstraßen, Durchgangsstraßen, Chausseen, Spielwege, Geschäftsstraßen, Sackgassen; die dicke Ader der Hauptstraße, Nebenstraßen,

Querstraßen, Gässchen, Zugangswege; miteinander verknotet durch große und kleine, runde oder viereckige Plätze. Die Nord-, Süd-, Ost- und Westautobahn mit wuchtigen Alleebäumen wies hinaus aus den Mauern. Der Hafen, die Blee und bis an die Nordautobahn das feine Viertel der Brillenmacher. Aber auf der anderen Seite der Nordautobahn, rundherum um die Stadt, bis zur Westautobahn, begrenzt von dem Grüngürtel dieser beiden Straßen und durchschnitten vom Grünstreifen entlang der Ost- und Südautobahn: um die Stadtmauer ein schmales Rund von Geröll und Steinhaufen, dann Niemandsland und danach eine endlos erscheinende Breite Abfall. Der Ring der Müllhalde – mit Bergen und Schluchten zerfetzter, verbeulter, vermoderter Dinge, aber auch Stummfilmszenerien wie in den Schaukästen der Museen: da ein halbes Wohnzimmer, dort ein Stück von einem Krankenzimmer. Papierreste wehten hoch, Möwen pickten in diesem Geschütter und flogen gellend wieder auf, Ratten wühlten im Brei von Unkenntlichem, ab und an ein Mensch, wie verloren in einem Albtraum, stolpernd und taumelnd. Fern am Horizont der mächtige Drahtzaun und nicht weit von der Straße nach Süden ein hohes Tor darin. Große Lastwagen der städtischen Müllabfuhr zogen an einem anderen Tor, fast gegenüber, aber in der Stadtmauer, ein und aus, fuhren auf Rampen in diese Schutt- und Schrottlandschaft, luden dampfende Ströme aus, schütteten neue Berge auf. Ich roch hochziehenden Gestank, hörte schleifendes Aufklatschen und metallisches Scheppern.

über der Stadt hing eine gelbgraue Dunstglocke. Ein ätzender Geruch hier oben und ich telepathierte Fliro: "Genug, genug! Ich kann nicht mehr!"

3

Kaum hatte ich Zeit, mit den Augen zu blinzeln, war ich auch schon wieder bei Bella: ihr letzter Tag in der Stadt.

Da ging sie nun durch das Menschengewimmel – ein Schieben und Stossen, Hasten und Rennen.

Bella schlenderte dahin, musste ausweichen, wurde angerempelt, war ein Hindernis in all diesem strömenden Gewühle. Manchmal trafen sie böse Blicke: "*Bummlerin – Zeitverschwenderin*" schienen sie zu sagen. Aber Bella hatte ihre verspiegelte Sonnenbrille auf, obwohl der Himmel trübgrau war. So konnte niemand ihre Augen sehen und sie fühlte sich unbeobachtet, verschanzt, sicherer vor argwöhnischen, höhnischen Augen.

Sie schaute vor sich hin und dachte: "Euer „*Zeit ist Geld*"! Wie ich das hasse! Es lebe das Faulenzen!" Und sie sah einem graumelierten Herrn mit Aktenkoffer verächtlich in die Brille. Aber der war schon wieder weiter und Bella fühlte sich nun auch nicht besser.

Ein dicker harter Kloß Unzufriedenheit und Hass saß in ihrer Kehle, die Brille drückte sie und schon wollte sie dieses elende Ding abnehmen, als ihr gerade noch rechtzeitig einfiel: "Vorsicht, wenn du erwischt wirst, gibt's nur Schwierigkeiten!"

Leute würden sich zusammenrotten, feindseliges Stimmengezische, man würde die Brillenhüter rufen – kläffendes Verhör – und wenn sie keine gute Entschuldigung wüsste, ab ins Optikum-Gefängnis. Nein, das war keine Schreckensvision, sie hatte das selbst schon mitangesehen.

"*Nimm nie deine Brille ab!*" hatte ihre Mutter Bella schon früh eingetrichtert. – "Nur zuhaus', wenn's unbedingt not tut und zum Schlafengehen, denn sich ohne Brille zu zeigen, ist nicht nur unhöflich, sondern geradezu eine Abscheulichkeit!" –

"*Ein Brillenzerschläger ist schlimmer als ein Mörder und einer, der seine Brille nicht tragen will, gehört ins Schauhaus*", hatte ihre Mutter noch düster hinzugefügt.

Bella dachte mal wieder über Brillen nach:

"Was für eine Stadt ist das doch, wo jeder eine Brille tragen muss!" rief sie höhnisch einem imaginären Publikum zu.

"Kaum kommt man zur Welt, werden einem Brillenetuis geschenkt, aus Leder mit Golddruck oder Stoff mit Perlenstickereien und Initialien, innen Samt – rosa für Mädchen, blau für Jungen.

Man darf noch eine Weile ohne Brille bleiben – ja, ja, eure vielgepriesene Freiblickkindheit. Ha, kaum seht ihr so einen kleinen Freiling in seinem Kinderwagen, gurgelt ihr auch schon: "*Ei, ei, eiii und so süße Guckerlies*", beugt euch hinunter, bis euch die Brillen auf die Nasenspitzen rutschen und tatscht mit steifen Fingern herum.

Kaum aber hat man laufen gelernt, ist es aus mit der Freiheit.

Die erste Brille!

"Nun bist du schon groß, jetzt musst du auch vernünftig sein, setz schön deine Brille auf!" sagt man dir und die ganze Familie kommt zum Brillauf-Fest. Es wird gegessen und getrunken und zum Schluss gibt's meist Krach und Zank. Der kleine Brillant nörgelt weinerlich in einer Ecke und schreit dazwischen: "Ich will aber keine Bille!!" – "Brille heißt das", weist ihn die Mutter zurecht und bringt ihn zu Bett, verspricht ihm einen neuen Teddybären, wenn er morgen schööön artig seine neue Brille aufsetzt. "Du willst doch kein Baby mehr sein? Oder soll ich dir deine neue Brille wieder wegnehmen – da werden dich deine Freunde aber auslachen, so ohne Brille!" sagt die Mutter noch und greift zum Nachttisch. Aber der kleine Brillant zerrt an ihrem Ärmel und greint: "Nein, nein – meine – will haben!" Da lächelt Mutter gerührt.

Ja, nicht einmal selber aussuchen kann man seine erste Brille! Die Eltern oder ein Vormund machen das. So wie ihre – so auch deine.

Haben sie eine rosarote Brille, wirst du auch eine haben. Siehst alles rosarot und kriegst irgendwann die Rosarotkrankheit, Krämpfe in den Mundwinkeln und in den Kinnladen vom ewigen Lächeln oder schaffst dir später eine dunkel getönte Brille an und glaubst, nun seiest du gerettet.

Aber bei einer dunkel getönten – da siehst du alles grau in schwarz und bekommst Haltungsschäden, weil du nur noch mit gebeugten Schultern rumgehst, so trüb ist alles und am liebsten schaust du zu Boden.

Oder rote – du siehst rot und vor lauter Wut bekommst du Gallenkrämpfe und ständig Streit mit jederman.

Sind's grüne, ärgerst du dich ständig und es schlägt dir auf die Leber.

Bei blauen ist's auch nicht besser und Neid frisst dir deine Gedärme auf.

Gelbe sind schon angenehmer, heller – aber man verulkt dich dann als Himmelgucker und traut dir nichts zu.

Sind sie vielfarbig, sagt man von dir "ein Künstler" und denkt "der schielt ja!"

Brillengläser, die changieren, da weiß man gleich: ein Politiker – diese Schönredner und Wortverdreher! Aber die kommen hier ja ganz gut zurecht. So eine Brille bekommt auch nicht jeder.

Ist sie grau in grau, wirst du ein Pflichtgetreu und stirbst bald nach deiner Pensionierung.

Orange Gläser: da wird's ein Lüstling und den holt bestimmt der Aids.

Bei violetten schlüpfen Mystiker aus und die gehen bald zum Teufel.

Bei lila sind's Dogmatiker, die ersticken meist an ihren eigenen Grundsätzen.

Himmelblau: die Leichtherzigen und Gutgläubigen – die werden von Betrügern aller Art ausgetrickst.

Mattweiß: da bist du Kirchenmensch und kommst in Gottes Ohr.

Bei ocker haben wir die Raffer und die gehen an Auszehrung ein.

Bekommst du goldene verpasst, hast du zwar ausgesorgt, wirst aber Genickstarre vom Nase-hoch-tragen bekommen.

Aber wehe, ich sage das laut! "*Brillenverhetzung!*" heißt es dann! Doch wir sind ja frei!

Die Stadt der vielen Möglichkeiten, denn es gibt ja auch noch Brillengläser in Mischfarben, Tönungen, Nuancen – jeder kommt zu seinem Recht! Das Blickfeld aber immer, wie es sich gehört, vom Brillengestell umrahmt, die Augen immer hinter Gläsern eingesperrt.

Die Fortschrittlichen tragen's zwar gern' randlos und denken noch, nun sehen sie alles.

Dann haben wir ja auch ein paar hyperreiche Hochgestellte: die Brillenmacher. Die können sich die echt Kristallglas-Brillen leisten und genießen die Farben dieser Welt. Aber auch die sind nie ohne Brille!

Jeder träumt von so einer Kristallglas-Brille, rackert sich ab, mit "*Zeit ist Geld*". Manchmal kann dann auch einer von den Abervielen so eine Brille erschwingen – mit der dazugehörigen Genehmigung (und den Schmiergeldern für dieses amtliche Stück Papier). "*Jedem die Brille, die er verdient!*" – Ha! Wirst du alt und hast immer noch keine aus Kristallglas, dein Pech, bist eben ein Dummkopf – liegt alles nur an dir – du hättest jaaaa …, lügt man dir vor.

Hast du, wie ich, als erste Brille eine dunkelgetönte erwischt, wirst du entweder so ein Hängeschultermensch oder ein Aufmucker – oder beides, eine aufmuckende Hängeschulter.

Erinnerst dich ja noch an all die Farben, als du klein warst, ohne Brille. Wie es war, als es noch nicht hinter den Ohren und auf der Nase drückte. Aber auch an "Setz deine Brille auf!" – "Sei endlich stille", wenn du mal wieder fragtest: "Warum müssen wir denn Brillen tragen?" Das hatte man dir doch schon x-mal erklärt: "Das Sonnenlicht ist zu stark für unsere Augen, ohne Brille würde es uns blind machen – du weißt doch, nur die Blinden brauchen keine Brille, müssen sich mit einem Stock vorantasten oder werden von einem Hund geführt, weil sie immer im Dunkel sind. Willst du so werden?" – "Und die Kristallbrillen?" – "Die haben auch einen Sonnenlichtfilter, aber der ist sündhaft teuer. Wenn du dich sehr anstrengst, kannst du dir auch mal die Genehmigung für so eine Brille kaufen." – "Wieso werden Babies nicht blind?" – "Weil sie noch ein Schutzhäutchen über dem Augapfel haben, ganz fein und durchsichtig. Das wächst sich dann aus und löst sich auf. Außerdem können Babies nicht klar sehen, sie sind noch viel zu klein." – "Aber sie sehen doch alles!" – "Alles, alles – wie können sie denn alles sehen, wenn sie noch nicht erwachsen sind? – Und jetzt ist Schluss mit der Fragerei!"

Ja, so nach und nach lernt man dann, die Brille nicht mehr abzunehmen, wenn man Lust dazu hat. Weiß selbst gar nicht mehr, wie man's gelernt hat. Vergisst es fast. Vergisst fast, dass man Brillen nicht mag – dass man eine Brille auf der Nase hat, muckt aber doch ab und zu, will nicht immer alles eingedunkelt sehen.

Wenn man die Dunkle dann zuhaus' mal abnimmt, ist alles grell, man muss blinzeln und plieren wie ein Huhn. Alles ist so erschreckend hell und voller Farben, man bekommt Angst. Vielleicht stimmt es ja doch, dass man ohne Brille blind wird. Was weiß man schon Genaues über die Versuche in der **Überblick-Universität** mit Bebrillten, die ihre Brille lange Stunden absetzen müssen.

Ja, dann geht man lieber brav zum Optiker, lässt die Brille durchchecken oder begnügt sich mit einem neuen Gestell. Und wenn man zum Brillenmacher geht, um sich neue Gläser machen zu lassen, das ist schon ein Ereignis. Die alte Brille wird gut aufgehoben oder für die Armen gespendet. *"Wer seine alte Brille wegwirft, ist fast so schlimm wie ein Nacktäuger – und die wollen uns ja nur die Brillen wegnehmen, uns mit ihrer Gleichmacherei allesamt blind machen*!" – so meine Mutter – und Ihr da, Ihr doch auch!

Vom Gejachter nach den neuesten, "exklusivsten" und schönsten Brillengestellen wird man auch noch angesteckt und spart und spart, wenn man sich noch keine neuen Gläser leisten kann.

Ha, *"jeder sein eigener Brillenmacher"* – wie viele haben wir denn? Und die anderen? Sind doch nur simple Brillenträger! Ohne Kristallgläser! Wie viele von uns können denn tatsächlich Brillenmacher werden? Wie viele bleiben Lehrlinge und Gesellen, Gesellinnen auf Lebzeit! Alles Schwindel und Nebel vor den Brillen!"

Wieder dieser dicke harte Klumpen in Bellas Hals.

Mittlerweile war sie vor ihrer Haustür angekommen, denn das war ja eine lange, stumme Rede gewesen!

Sie hatte oft zu Boden oder vor sich hin geschaut, manchmal mit den Armen gefuchtelt und war so aus dem Gewimmel und Getöse der Hauptstraße in ein ruhigeres Wohnviertel gekommen.

Bella blickte erstaunt hoch, murmelte: "Was, schon da?", drückte mit der Schulter die gläserne Eingangstür des dreistöckigen Mietshauses auf, kramte nach den Schlüsseln, stocherte mit dem kleinsten ins Schlüsselloch des Briefkastens, öffnete – "ach, wieder nichts", und ging in die erste Etage hoch, über Steinstufen in Pfeffer-und-Salz-Muster, schloss die graue Tür mit dem angeschraubten Namensschild auf und seufzte erleichtert: "Keiner da!"

Sie schlurfte über den weinroten Teppichboden im Flur, legte ihre Brille auf eine vergoldete Konsole unter dem rotgold gerahmten Spiegel, blinzelte, als sie vom halbdunklen Korridor in die helle Küche trat, schaute umher und stellte befriedigt fest: "endlich wieder Farben!"

Sie machte die Klappe zum Brotfach auf, holte ein Graubrot heraus, griff wieder hinein nach dem Brotmesser und säbelte sich eine Scheibe herunter. Dann ging sie zum Kühlschrank, nahm Magarine, Mettwurst und eine Brauseflasche, belegte das Brot und goss sich zu Trinken ein, ging ins Wohnzimmer, setzte sich auf das breite gobelingeblümte Sofa und legte die Füße auf den flachen Couchtisch.

"Diese Goldwohnung", hörte ich ihre Gedanken wieder. "Wo's schon zu goldenen Brillen nicht reicht, wenigstens überall dieser Tineff aus Vergoldetem", und biss heftig ins Brot.

"Warum bin ich nach der Schule eigentlich in die Innenstadt gefahren? Wollte mich wohl wieder mal ärgern!" meinte Bella zu sich selbst und ich sah ihren Vormittag im Zeitraffer, während sie mit leerem Kopf vor sich hin kaute. Sah ihr missmutiges Aufstehen vor mir, den schlafwandlerischen Trott durch ihre Straße zur Hochbahnstation. Vorbei an protzigen Bürgerhäusern und neu dazugebauten Apartmentblocks. Rechts um die Ecke durch eine kleine Straße mit Vorgärtchen und links weiter zur Bahn. Ein müder Blick durch die Trauerweiden auf einen Abzweiger der Strela und hinaufgeschleppt zum Bahnsteig.

Das war noch eine alte Station, grau mit schwarz verkrustet. Im Stein der Treppenstufen glitzerten viele kleine Glimmerpünktchen – Ornamente an den Wänden und um das große Namenschild mit eisernen Buchstaben. Kleine blinde Glasscheiben und Stützpfeiler, von denen die Farbe abblätterte. Große Reklametafeln. Zugluft zwickte Bellas Beine und sie knöpfte ihren Mantel zu. Ein fernes Dröhnen, das näher kam und dann liefen die Wagen der Blick-mit-Bahn ein. Türen zischten auf, knallten wieder zu. Bella hatte einen Sitzplatz am Fenster gefunden, denn es war nicht mehr gerammelt voll, wie zur Hauptverkehrszeit. Sie war später dran, denn sie musste nur ins Schulbüro, Papierkram erledigen. Ihr Abschlusszeugnis hatte sie schon bei der feierlichen Verabschiedung bekommen. Nun sollte sie also zur Universität, musste sich ab- und anmelden, persönlich, wie es vorgeschrieben war. Aber nicht grade um 8 Uhr, zum Glück.

Ihr gegenüber saß ein Mann, der wohl von der Schicht kam. Er stierte in den BLICK – eine Zeitung mit vielen großen Schlagzeilen und fettschwarzen Unterstreichungsbalken. "*BLICK informiert dich mit einem Blick*" die Devise dieses Massenblattes, das eher deformierte und alle niedermachte, die nicht die offizielle Optik hatten.

Vorbei ging es an Wohnblocks, deren Balkone wie aufgezogene Schubladen klafften. Manchmal kleine Gärtchen oder Innenhöfe mit ein paar müden Bäumen. über große Straßenadern, kleinere, Gässchen, runde Plätze und die Gewässer der Strela. Manchmal so nah an Häusern vorbei, dass Bella ein lebendes Bild erhaschte: "Alte am Frühstückstisch" oder "Hausfrau beim Saubermachen". Die meisten Wohnungen zeigten aber nur unbewegte Vierecke hinter Gardinen und Topfblumen.

Bella musste umsteigen und weiter ging es im Bus. Sie wurde durchgerüttelt und ein paar Mal flog sie nach vorn, als der Busfahrer scharf bremste. Das letzte Stückchen zu Fuß durch elend lange Straßen ohne Bäume, mit klotzig-fahlen Wohnblocks, ab und an ein Spielplatz mit einer Rutsche, Schaukeln, einer dreckigen Sandkiste und einem Stückchen zertrampeltem Rasen.

Hier war sie nun neun Jahre lang jeden Schultag morgens und nachmittags entlang gehastet, geschlendert, gestromert, mit leichten, großen Schritten oder Schleiffüßen und eingesunkenen Schultern.

Sie schaute noch einmal auf das Schulgebäude mit den großen Fenstern und dem fleckigen Blau der Wände, ging am Sportplatz vorbei, wo gerade Weitsprung geübt wurde: Stimmengewirr, alle mit Sportbrille und das Ausrufen von Zahlen. Durch das große offene Metalltor mit beschwingten Schritten. Für sie war es endlich vorbei und die Armen da mussten sich abschuften! Gleich am Eingang das Sekretariat. Bella riss mit Wucht die Tür auf und erwischte die Sekretärin beim Rätselraten. Bella grinste in sich hinein und dann ging's ans Ausfüllen und Unterschreiben. Sie bekam eine kunstlederne Mappe mit dem Wappen der Schule für ihre Papiere und hüpfte dann wieder zum Tor hinaus. Nur nicht zu lange bleiben und vielleicht einen Lehrer treffen und sich ausfragen lassen! Wieder mit dem Bus zurück. Dabei kam Bella die Idee, sich eine große Tasse Schokolade mit Schlagsahne in dem gemütlichen Café, Fernblick in der Innenstadt zu leisten. – Das hatte Bella wohl vorhin ganz vergessen, als sie sich fragte, warum sie in die Innenstadt gefahren sei.

Zuerst war Bella wohlgemut, sie lümmelte sich in den dick gepolsterten Stuhl, schlürfte vorsichtig die heiße Schokolade und genoss diesen süßen, kremigen Trunk. Aber dann fing sie doch wieder mit ihrem Grübeln an, was sie jetzt machen solle.

Sie wusste es nicht. Sie wusste nur: nicht zur Universität. Raus aus dieser Stadt, in die Welt. Leben lernen, ohne Brille. – Aber wie? Wie – wie – wie – kreiste es in ihrem Kopf und sie schaute auf die dicken, alten Damen, die Sahnetorten in sich hineinschoben und dazwischen hastig einander übertönten – "also da habe ich gesagt, …".

Genau in dem Moment fing Bella an, ärgerlich zu werden. Sie stand bald auf und ging ziellos durch die Hauptstraße, bis sie sich dann entschloss, zu Fuß nach Hause zu gehen.

Ja, und in der Hauptstraße hatte ich mich dann zu ihr gesellt.

4

So, nun wurde allmählich aus all den Mosaikteilchen ein ganzes Bild!

Brot aufgegessen – doch Bella schaute immer noch stumpf vor sich hin, wurde aber dann mit einem Ruck munter, rannte in ihr Zimmer, kramte den Rucksack heraus, zerrte aus ihrem Schrank hier ein paar Unterhosen, da Pullover, Strümpfe und Jeans heraus, stapelte alles zu einem großen Haufen. "Nein, das ist zu viel, nur das Nötigste!" wies sich Bella zurecht, rollte Sachen zusammen und stopfte sie in den Rucksack, andere kamen wieder zurück in den Schrank. Ein paar Bücher mussten auch noch dazu: über Psychoanalyse, Kritik an der Repressiven Familienpolitik, über surrealistische Malerei und ein, zwei Dichter. Und – wichtig – ein paar Hefte mit ihren eigenen Gedichten und Notizen. Ah, ja – nicht vergessen: ein bisschen Geschirr, Eßkram, Taschenmesser, Taschenlampe und einen kleinen Topf hängte sie an die Außentasche. Fertig! Sie zerrte den Rucksack zu, schnallte den Schlafsack obenauf und probierte aus. Er war doch sehr schwer, aber Bella tröstete sich: "So muss ich dann schön gerade gehen und seh' bald nicht mehr so aus wie ein Strelakieker!" (So nannte man früher die Männer, die im Schlick der Strela nach Brauchbarem suchten, wenn die Ebbe das Wasser herauszog. Und die gingen ja immer gebückt, weil sie am Boden rumsuchten. Das ließ ich mir schnell von Fliro erklären).

Dann zog Bella die Stirn kraus. Sie wollte nicht einfach so verschwinden, nein, sie wollte ihrer Mutter sagen, warum sie dieses Haus, diese Stadt verließ. Aber sie musste sich beeilen, bald würde ihre Mutter zurück sein.

Bella hastete wieder in ihr Zimmer, hockte sich vor den Schreibtisch. Ein Blatt Papier herausgeholt. Dann kaute sie eine Weile am Kugelschreiber. Gedanken und Bilder flitzten so schnell in ihrem Kopf herum, dass ich nicht folgen konnte. Aber dann schrieb sie los, die Handschrift schief und kritzelig, weil alles, was sie sagen wollte, so schnell herauspurzelte. Ich schaute ihr über die Schulter: die Seiten füllten sich mit schwarzen Schriftzeichen, bis sie auf dem vierten Bogen wüterich mit "Bella, die das Unglück hatte, deine Tochter zu sein" unterzeichnete.

Das war ein böser Brief, voller bissiger Anklagen, giftiger Vorwürfe, galliger Vorhaltungen und pathetischer Ausrufe. Da tauchte wieder einiges aus ihrer stummen Rede von vorhin auf.

Bella rechnete auch mit dem Genehmigungssystem für Brillen ab, schrieb: "Wer bestimmt denn, welche Brille man tragen muss? Vielleicht man selber? Oh, nein – ist man jung, wird einem eine Brille von den Eltern aufgedrängt. Ist man alt, wird einem von Krankenhäusern, Sozialeinrichtungen oder der eigenen Familie die Brille abgenommen und eine Augenleicht-Brille verpasst. So etwas passiert nur den Brillenmachern nicht und ein paar anderen, die mit den goldenen Brillen zum Beispiel.

Wenn man selber aussuchen will, so darf man nur Vorschläge machen. Die werden dann vom zuständigen Brillenmacher geprüft, der das Gesuch dann weiterleitet zum Gremium "*Brillenpflege*", das besser "Brillenzwang" heißen sollte. Und da wird dann über einen geurteilt, ob man auch die "richtige" oder vielleicht sogar die "beste" Optik habe. Je nach Urteil wird man abgewiesen oder – bäng! – , einen Stempel drauf und "*verfügt*" dazu. Oder es werden einem Empfehlungen gegeben, für andere Brillen – oder es wird einem geraten, doch noch ein wenig zu warten, bis sich die eigene Optik "schärfe". Es wird einem eine "Übergangsbrille" vorgeschlagen und die hat man dann auch zu nehmen und mancher kommt aus dem übergang nie mehr heraus. Da wird doch nur gewertet, wie anpassungsfähig, nie, wie man wirklich ist, was in einem steckt und sich verwirklichen möchte. Nein danke, diese Ordnung ist die reinste Unordnung für mich!"

Ich las auch "du schwächst mich, behinderst mich, machst mich unfrei, abhängig, wirfst Schatten auf mich und gehst in mir um, wie ein uraltes Gespenst!" Oder: "Du erdrückst mich mit deinen Ansprüchen, so zu leben, wie du es dir vorgestellt hast, das zu vollenden oder anzufangen, was du nie vollenden oder anfangen konntest. Ständig hälst du die Geißel deiner – der Brillenmacher – Wertmaßstäbe und Urteile bereit, nie fragst du, was ich denke, fühle, was ich will! Ziehst mich durch das Nadelöhr des Gehorsams! Kein Fünkchen Selbstkritik (höchstens die, dass du nicht streng genug mit mir warst). Du betrachtest mich als dein Eigentum, deine Wachstafel, die du bearbeiten kannst, wie es dir passt, ohne einmal dein Wertsystem zu hinterfragen oder mich anzuhören! Du untergräbst ständig mein Selbstvertrauen mit eisiger Ablehnung meiner Wünsche. Verlangst von mir Bestätigung, ob ich nun will oder nicht. Aber du bist nicht meine Sonne, um die ich zu kreisen habe!!!"

Nun konnte ich nicht mehr weiterlesen, denn Bella grabschte den Brief und wedelte damit durch die Wohnung, legte ihn schließlich auf den Schreibtisch ihrer Mutter.

Der Kloß in Bellas Hals, den hatte sie nun ausgespuckt, aufs Briefpapier und sie zog sich erleichtert ihren Mantel über. Den Rucksack auf den Rücken und schon wollte sie die Tür hinter sich zuschlagen, als ihr die Brille einfiel.

Sie würde sie noch einmal aufsetzen müssen, sonst fiele sie nur auf und das konnte sie gerade jetzt nicht gebrauchen. Also die Brille von der Konsole geholt und den Schlüssel draufgeschmissen, Tür zu und zum Haus hinaus. Zur Hochbahn, Richtung Stadttor zum Süden!

Ja, in den Süden wollte sie. In die Sonne. Zu den Menschen, die keine Brillen brauchten. Ins Land der Gaukler!

Die Stadttore konnte sie nicht passieren, denn sie hatte keine Ausreisepapiere. Die hätte sie nur mit Genehmigung der Mutter bekommen, denn sie wurde ja erst in einem Jahr volljährig, unabhängig nach *dem Gesetz der GOLDENEN BRILLE.* Sie hatte nur ihren Personalausweis und würde eh' registriert werden, wenn sie versuchen sollte, durch die Stadttore zu gehen. Dann könnte ihre Mutter sie leicht suchen lassen und sehr schnell würde man sie auch schnappen – und dann … Nein, das durfte ihr nicht passieren! Es gab nur einen Weg hinaus: durch das Tor zur Müllkippe, dann über das Niemandsland und die Müllhalde zum anderen Tor hinaus, das ja nicht weit von der Straße nach Süden lag.

Bella hatte auch gehört, dass an diesem anderen Tor manchmal

Menschen ohne Brillen säßen, die einem weiterhelfen würden. Die Brillenhüter kümmerten sich nicht weiter um die, denn sie kamen nie in die Stadt. Und wer durchwanderte schon den Schuttgürtel der Stadt! Die paar, die es wagten, verirrten sich, wurden verrückt oder blieben irgendwo stecken. Und die wenigen, die es schafften, die würden schon von den Patroullien auf der Südautobahn abgefangen werden.

Bella stand in der Bahn, wurde hin- und hergeschaukelt und geschubst. Manche starrten sie an, waren aber wohl zu müde, um irgendetwas zu sagen, kamen von der Arbeit und dachten nur ans Abendessen und Fernsehen. Draußen verschwand der große, glührote Sonnenball im grauen Wolkengewaber, wie ein Brief im Postkastenschlitz. Die Straßenlaternen leuchteten auf und in den Wohnungen schaltete man die Lampen an.

Endlich war Bella an der Endstation der *Nordlinie*, hastete mit den Vielen durch den gelb gekachelten Bahnhof, warf ihre Fahrkarte in den Entwerter an der Sperre und trat hinaus ins Freie. Nicht weit, rechts, sah sie das **Nordtor**. Sie holte tief Luft, denn jetzt fühlte sie sich nicht mehr so riesengroß und voller Kraft. Ihre Knie waren doch ein bisschen weich und im Bauch meldete sich ein Grummeln und Kribbeln, das hochzog und ihr Atmen störte. Aber Bella hakte ihre Daumen hinter die Riemen des Rucksacks und wandte sich nach links, ging an der Stadtmauer entlang, bis sie nach 10 Minuten schwitzend am Tor zur Müllhalde ankam.

Zwei Bogenlampen beleuchteten die Einfahrt: ein kleines Torhäuschen, in dem nur ein Mann saß, der über einen Tisch gebeugt mit Rundrücken da hockte – ein scharfer Schattenriß hinter der Scheibe.

Sie wollte auf einen Laster warten und dann neben ihm, auf der dem Torhäuschen abgewandten Seite, hindurch schleichen und schnell ins Dunkel nach links abbiegen.

Während sie noch überlegte, wo sie warten solle, hörte sie auch schon das Gerumpel eines Wagens, trat hastig in den Schatten und sah zum Tor hoch, wo in bunt glitzernden Buchstaben **"BLICK ZURÜCK"** stand. "Komisch", dachte sie noch, "wieso zurück?" Aber dann ging alles sehr rasch. Der Laster verlangsamte, Bella sprang an seine Seite, lief neben ihm her, keuchte, weil der Rucksack arg nach hinten zerrte und dann war sie auf der anderen Seite und tastete sich an der Stadtmauer entlang. Sie wagte noch nicht, ihre Taschenlampe einzuschalten. So stolperte sie vorwärts. Es wurde schattiger, dunkler, richtig finster, denn der Lichtschein der Stadt wurde schwächer, je weiter sich Bella ins Niemandsland wagte.

In dem funzeligen Strahl ihrer Taschenlampe konnte sie auch wenig erkennen und das Kribbeln in ihrem Bauch wurde stärker. Es raschelte, zischelte, fauchte, dröhnte und heulte, als wären unzählige Wesen um sie, wirbelten herum und folgten ihr lauernd.

Bella kam in diese Senke, wo ich gerade saß und ließ ihren Rucksack zu Boden gleiten. Sie schlich ein Stück ihrem Leitstrahl nach, ließ die Taschenlampe den Umkreis ableuchten und nahm erstmal ihre Brille ab, warf sie dann mit der Geste eines römischen Feldherrns im Theater auf den Boden, sprang drauf, immer wieder, mit wütenden "Ha"s und "Scheissding"s, freute sich am Splittern und Knirschen der Gläser. Danach ging es ihr besser und sie murmelte: "So dunkel ist es ja gar nicht, das war mal wieder die Brille!"

Sie hüpfte zu ihrem Rucksack zurück, zerrte ihn zu ein paar Steinen und breitete den Schlafsack aus. Ans Fußende schob sie ihre Tasche mit Geld und Papieren, wurschtelte sich ein, Zipp, den Reißverschluss hoch, langte noch einmal mit dem Arm hinaus und nestelte am Rucksack hinter ihrem Kopf, zog eine Tafel Schokolade heraus und mümmelte genüsslich. Den Rücken gut geschützt von den Steinen. "Doch ein bisschen hart, der Boden!" und "Geschafft", kicherte sie zwischen Schokoladelutschen. Dann zog sie sich die Kapuze über den Kopf, bettete sich auf ihren Mantel, der als Kopfkissen diente und wollte einschlafen.

Aber das ging nicht so schnell. Immer wieder musste sie horchen, ob keiner käme und sie hörte das Blut in ihren Schläfen pochen, so unheimlich laut. Sie dachte an ihre Mutter: "Nie hört sie mir zu! Sie hat mich nicht lieb!" Und Bella wurde immer kleiner in sich, fing an zu weinen und schluchzte vor sich hin: "Keiner hört mir zu – ich bin so allein!"

Tja – und das hatte ich gehört!

5

Wieder in der Mulde! War ich nun schlauer? Zuerst wurde mir ganz blöd im Kopf, nichts, aber auch gar nichts wollte mir einfallen.

Dann sah ich auf einmal wieder diese Stummfilmszenerien, die ich von oben in der Müllhalde erspäht hatte. Ja, das war es! Nicht erzählen und reden musste Bella. Nein, sie brauchte nur die Müllhalde zu durchwandern, vorwärts gehen und konnte dabei gleichzeitig zurückleben. "*BLICK ZURÜCK*" hatte über dem Tor gestanden! Und beim Wandern würde sie das Gestern wiederfinden, als Szenen, als lebende Bilder. Würde es so durchleben, wiederfühlen und mir darüber auch erzählen können. Vor uns lag ja nicht nur der Schutt der zerbrochenen und ausrangierten Dinge. Vor uns lag auch all der Seelenschutt – und darum hatte ich einzelne Menschen auf der Müllkippe gesehen. Es waren nicht nur die Müllfledderer gewesen. Es waren auch Menschen, die ihre Vergangenheit suchten, um sie aus dem Schutt zu wühlen, sie zu erkennen und zu begraben, zu verwandeln oder was immer ihnen nötig schien.

Ich lachte vor Freude über meine Entdeckung, wurde so aufgeregt, als solle ich gleich unserem Ober-Wolkenschieber etwas vorträumen.

Ja, ja! So würden wir es machen, Bella und ich. Morgen früh würden wir loswandern. Ich in ihrem Schatten versteckt, denn am Tage könnte ich nur so mit ihr reisen. Doch nichts würde mich daran hindern, zu sprechen, Fragen zu stellen, dazusein. Und nachts, ja, da würden wir dann zusammen träumen, den vergangenen Tag übersetzen und verstehen lernen.

"Ira", sagte ich mir, "du bist keine schlechte Träumerin!" und dieses Eigenlob machte mir ofenwarm (Eigenlob stinkt nämlich bei uns Traumländern überhaupt nicht).

Ich prüfte den Himmel: wie durch Transparentpapier sah ich einen Lichtschimmer und bald würde auch die Sonne aufgehen. Ich dankte unserem Traumjoker. Er hüpfte kopfnickend und giggelnd davon. Wie eine Sprungfeder kam ich auf die Füße und setzte mich zu Bella, sang ihr eine Träumerei vor, bis sie die Augen aufmachte, den Schlafsack aufzog, sich auf den Ellenbogen stützte und mich verwundert anschaute. Immer wieder klappte sie mit den Augenlidern und ich grinste sie an: "Morgens siehst' nicht grad' helle aus!"

Bella zog eine Flunsch, richtete sich auf, immer noch im Schlafsack. Dann meinte sie: "Ach ja, du bist's, Ira. Ich muss wohl wieder eingeschlafen sein, vorhin."

Ich schmunzelte in mich hinein und sagte: "Bella, koch' uns jetzt einen Kaffee und ich erzähl dir, wie's weitergeht."

"Na gut", nuschelte Bella und machte sich mit klammen, ungeschickten Fingern an die Arbeit. Bald saßen wir uns gegenüber, beide unsere Tassen mit den Händen umfasst, zum Aufwärmen und ich erklärte Bella, was mir vorhin aufgegangen war.

"Du willst ja nach Süden, also musst du zum anderen Tor. Beim Durchwandern wirst du deiner Vergangenheit im Schutt begegnen, mir von ihr erzählen können – und bis zum Zaun der Müllhalde auch ihre Schatten losgeworden sein!"

"Ich weiß nicht", krittelte Bella. "Wie soll sie mir denn begegnen? Sie ist doch vorbei!"

"Ach Bella, diese Müllhalde ist zwar nicht das Traumland, aber doch auch ein Ort, wo alles anders ist, als in deiner alten Wirklichkeit. Denn vergiss nicht, hier gibt es keine Vernunftschirme!"

"Du meinst also, Ira, so wird mir das Erzählen leichter fallen? Einfach losgehen und dann kommt schon etwas? – Ira, das glaube ich dir nicht!"

"Glauben oder nicht, du wirst doch wohl einsehen, dass es nicht reicht, deiner Mutter einen bösen Brief geschrieben zu haben! Bist du all deinen Ärger, deinen Hass und deine Ängste denn wirklich los geworden?"

Bella sah mich nachdenklich an und murmelte dann: "Vielleicht hast du doch recht. Durch muss ich sowieso. Wir werden ja sehen."

Sie sammelte ihre Siebensachen zusammen und setzte den Rucksack auf. Die ersten Sonnenstrahlen fingerten über den Horizont und nun musste ich in Traumeseile in Bellas Schatten schlüpfen. Dort war es weich wie in einer Sänfte aus 1001 Nacht und ich kam mir vor, wie Kolumbina auf Entdeckungsfahrt, pfiff ein Lied vor mich hin, freute mich, dass ich Traumländerin war, ohne Körpermühen, Schwerkraftseile und konnte doch einen Kaffee trinken, wenn ich wollte! Und eine Gestalt annehmen! Die Gestalt, die sich Bella als kleines Mädchen für mich ausgedacht hatte: lange schwarze Haare mit einem Stirnreif zusammengehalten, schmales Gesicht, blaue Augen, Kirschmund und ein nachtblaues Gewand mit Goldstickereien und goldenen Spitzen an Ärmeln und am Kragen. "Meine blaue Prinzessin" nannte sie mich damals.

Bella stapfte ziemlich mürrisch dahin, stolperte über Geröll und jammerte über ihren schweren Rucksack.

"Bella, da ist doch alles drin, was dir wichtig ist, das musst du nun schon selber tragen; 's gibt kein Mütterlein mehr, das dir alles abnimmt", ermahnte ich sie und fügte hinzu: "Jeder hat sein Päckel zu tragen."

"Ira, wenn du nicht aufhörst mit deinem dummen Gerede, dann …"

"Was – dann? So schnell wirst du mich jetzt nicht mehr los. Ich gehöre nun zu dir, wie dein Schatten. Hör auf mit dem Jammern! Meinst, 's nützt dir was?"

Sie ist doch eine verwöhnte Göre, dachte ich noch, als Bella wutfauchend ihren Rucksack hinschmiss und auf dem Boden rumtrampelte. So musste sie wohl im Trotzalter gewesen sein. Die Sonne blendete sie – ohne Brillenschutz begannen ihre Augen zu tränen und zu brennen.

"Bella, du bist ja ein echter Kampfstier", neckte ich sie und da musste sie grinsen, schief aus dem einen Mundwinkel heraus, aber immerhin.

"Weißt, der Anfang ist halt schwer, brauchst ja nicht gleich Marschtempo einzuschlagen."

Bella zögerte noch ein paar Minütchen, hievte dann aber doch den Rucksack hoch und es ging weiter. Wir kamen aus dem Nie-

mandsland heraus, in die Müllhalde und standen auf einem aufge-
schütteten Plateau. überall ragten Papierfetzen, Metallteile und
Plastikecken aus der Erde. Der Abstieg war mühselig. Bella
rutschte manchmal aus und fiel mit kreischendem Fluchen auf den
Rucksack, sah aus wie ein großer Käfer auf dem Rücken, der mit
den Beinen strampelt. Dann geriet sie auch noch mit ihren Hän-
den in matschige, ölige Pfützen, schrie auf vor Ekel und wischte
sie immer wieder an ihrem Mantel ab.

Endlich waren wir unten: Eine breite Ebene lag vor uns, voller
Huckel und Haufen – hier zerfaserte Lumpen in mieserigem
Graubraun: alle Farben hatte der Regen rausgewaschen. Dort
Klumpen aus Papier und Plastikteilen, eingebeulte Dosen, aufge-
platzte blaue Plastiksäcke, aus denen ein Brei von unkenntlichem
Zeugs quoll. Weiter hinten ein Autowrack mit gähnenden Türlö-
chern, rostig und mit allerlei anderem Kram bekleckert, im offe-
nen Kofferraum stak hochkant ein Fernseher mit aufgeborstener
Mattscheibe. Am Horizont wieder ein Plateau. Man konnte die
Müllwagen erkennen, die neue Ladungen runterkippten. Papier
und Pappstücke wölkten hoch und alles rutschte donnernd und
scheppernd in die Tiefe. Glas blinkte in der Sonne auf, überall
Morgentau, dessen Tropfen glitzerten und funkelten. Das musste
ich Bella zeigen und ich schwärmte los, aber Bella zischelte nur:
"Du musst den Gestank ja nicht riechen!"

Stimmt, ich konnte mich, wann ich Lust dazu hatte, aus Bellas
Fühlen ausschalten. Nach ihrer Rüge verordnete ich mir: du
bleibst jetzt bei Bella!

Ja, es stank – so strenge, dass sich Bellas Magen verkrampfte
und sie nicht wusste, ob sie dem Brechreiz nachgeben sollte oder

nicht. Ein nasebeißendes Gemisch: ein Dunst nach muffigem Papier, ätzenden Ölen und Schmieren, verwesendem Fleisch und faulen Eiern.

Bella hastete im Slalom um kleinere und größere Müllhaufen, glitschte auf Fahl-klebrigem aus, vermied im letzten Augenblick, auf ein Katzenkadaver zu treten, aus dem die Gedärme hingen und in dem es schwärzlich wimmelte. Bella taumelte noch ein Stückchen weiter, beugte sich dann vor und würgte, würgte…

Da stand sie nun, geschüttelt, kalten Schweiß auf der Stirn, in der Kehle galliges Brennen, der Rucksack rutschte ihr fast über den Kopf, und mir war mit ihr albtraumelend. Keine schönen Träume da, mit denen ich ihr hätte helfen können.

Jetzt zog Bella zitternd ein Taschentuch hervor und wischte sich Mund, Gesicht und Hände ab.

Plötzlich ein tappendes Schleifen. Auch das noch! Bellas Kopf zuckte herum: Sie sah eine alte Frau – ohne Brille – in einem weiten, schäbiggrünen Lodenmantel, schwarzen Handschuhen, Gummistiefeln und einen halbvollen Jutesack über der Schulter.

"Mädchen, Mädchen", sagte die Alte mit mitleidiger Stimme. "Du bist wohl neu hier?"

Bella konnte nur nicken. Sie schwankte noch immer ein wenig hin und her.

"Komm, ich weiß ein Plätzchen, wo du dich ausruhen kannst", lockte die Alte und Bella folgte ihr zögernd. Aber hier konnte sie sich nicht hinhocken, wie es ihre Beine wollten. Also schleppte sie sich hinter der kleinen Gestalt her.

Die stapfte langsam voran, wandte sich mal rechts, mal links herum. Bella stierte nur noch auf den Mantelrücken der Alten und wenn sie auf Schleimiges trat, tat sie vor sich selber so, als wäre nichts gewesen. Die Sonne stieg näher zum Zenit, es wurde heiß und heißer. Bella schwitzte und ihr Mund war trocken mit einem pelzig-bitterem Nachgeschmack.

Wir kamen zu einem Durchlass zwischen den beiden Plateaus und die Frau vor uns wandte sich kurz davor nach links, ging zwischen zwei Waschmaschinen hindurch, deren Seitenwände fehlten und deren Trommeln mit ihren aufgewölbten Löchern beim Vorbeigehen knirschend schwangen.

Bella blieb erstaunt stehen: ein kleiner freier Platz, auf dem vier Autositze, deren Polster nur ausgeblichen waren, einen Halbkreis bildeten. Aufgespannte Sonnenschirme mit langen Fransen, nur hie und da ein wenig eingerissen, ein paar umgedrehte Kisten als Tische, alles eingerahmt von weiteren Waschmaschinen, Türmen aus Fernsehern, Radioapparaten, großen Teekisten. Jedem Ding fehlte etwas, aber zusammen wirkte es fast wie eine Terrasse vor einem Haus.

Die Alte winkte Bella heran. "Unser Park", meinte sie stolz und lud ihren Jutesack ab, schlurfte zu einer Kiste, hob den Deckel ab und grunzte zufrieden: "Nichts weggekommen! – Mädchen, wie heißt du denn?"

"Bella". – "Belli, Bella, Bellissima", summte die Alte vor sich hin, während sie kramte. "Hast du was zum Kochen dabei?"

"Ja", antwortete Bella, ließ nun erleichtert ihren Rucksack runter und holte den kleinen Gaskocher hervor. "Ich habe auch Pulverkaffee! Aber kein Wasser mehr."

"Kaffee! Richtigen Kaffee?"

"Ja, ja", stieß Bella ungeduldig aus, "aber ohne Wasser …?"

Die Alte kicherte und schwenkte eine Flasche Wasser und einen roten Teekessel, in den der Rost Punkte gemustert hatte. Bald brodelte es im Kessel, dann Kaffee in die Tassen, Wasser drüber, fertig. Beide nahmen Zucker, und die Alte stellte eine Dose Kekse vor sie hin. Die Mäntel hatten sie auf die freien Sitze fallen lassen.

Nun saßen sie im Schatten unter den Sonnenschirmen, erholten und stärkten sich. Sie schwiegen lange, bis Bella fragte: "Leben Sie hier?" "Das 'Sie' kannst du dir sparen", meinte die Alte, "hier gibt's keine Brillen und keine Manieren!" und sie kicherte wieder in sich hinein.

"Ich heiße Heidrun – aber hier nennen mich alle nur Schnipp-schnapp." Und sie zog eine Schere hervor, die sie an einer Schnur um den Hals trug. "Vormittags sammele ich Lumpen und Papier, bring's am nächsten Morgen in der Dämmerung zum Altwarenhändler, der eine Bude am Tor zur Müllkippe hat. Der bezahlt mir mit Lebensmitteln und bringt mir, was ich sonst so brauche. Viel ist's ja nicht. Der verdient gut an uns Müllsammlern! Wir verlangen kaum was und er macht sich einen Batzen Bares, der Raffzahn der! Schachert jedes Mal um die paar Kleinigkeiten, die er rausrücken soll." Dabei zischte die Alte missbilligend durch eine Zahnlücke.

"Nachmittags schneide ich dann aus Katalogen, Illustrierten und was immer ich so an schön Buntem und Bebildertem finde, aus und klebe dies und das zusammen. Wart' mal, vielleicht habe ich etwas hier. Hab's doch in der Kiste für den "Hinkebein" dagelassen – wenn der mal wieder vorbeikommt."

Sie mühte sich ächzend hoch, wühlte in der Kiste und kam mit einer Collage zurück, auf der eine Clique von Brillenmachern in

Kohlköpfen hockten, die in Schüsseln auf einer Festtafel mit Silber und Blumengestecken serviert wurden. Die Gäste waren Schweine, Kühe, Ziegen, Hunde und Katzen, die als Besteck Mistgabeln, Schwerter oder Krummsäbel in den Klauen und Pfoten hielten.

Bella lachte los und rief begeistert: "Das gefällt mir!"

"Hm, na, ich hab' schon Besseres geschnibbelt und geklebt", murmelte die Alte, "aber wenn's dir gefällt – da, nimm's ma!"

Bella wollte schon die Hand ausstrecken, aber konnte sie denn so einfach ..

"Zier dich nicht so", sagte die Alte barsch und legte Bella das Bild auf den Schoss. "Ja, ja, Mädchen. Ich lebe hier. Weiß nicht mehr, wie viele Jahre schon. Mein Mann wollte mich ins *"Schauhaus"* bringen, weil meine Bilder ihm zu gefährlich wurden. Da bin ich ausgebüxt und für unsereins gibt's ja nur das hier", und sie malte mit ausgestrecktem Arm einen Halbkreis in die Luft.

Ich habe mir ein kleines Hüttchen gebaut, eine Stunde weiter, wo der Schutt schon da und dort überwachsen ist. Da hause ich, hab' mein Bett, meinen Tisch, mein Öfchen, 'nen paar Kisten statt Schränke. Sogar warme Decken konnte ich ergattern." Sie sah stolz und froh drein.

"Möchtest … möchtest du nicht mal raus hier?" fragte Bella.

"Na, manchmal schon. Bäume sehen oder die Blee. Träume auch oft vom Nordmeer, wo ich auf meiner Hochzeitsreise war. Aber ohne Brille kann ich sowieso nicht zurück. – Wäre doch das lebende Beispiel, dass Brillen Humbug sind!"

"Also wird man nicht blind, ohne Brille!" stellte Bella fest.

"I wo denn", giggelte die Alte, "nur die Augen lassen nach, wenn man in die Jahre kommt."

Die Alte sann vor sich hin und erzählte dann weiter: "So schlecht ist es hier gar nicht, wenn man sich eingewöhnt hat. Keiner sagt dir, was du zu tun hast. Du triffst ab und an Leute – alle so mit Pfiff. Die einen leben vom Müllsammeln wie ich. Andere wollen zur Straße nach Süden und irren herum. Wir Einheimischen helfen dann nach, wenn wir so ein Irrlicht treffen, damit es nicht verloren geht. Halten ein Schwätzchen und hören wieder von der Stadt. Ab und an muss der Mensch ja reden, und auf den Trödler kann man nicht zählen, der ist immer in Eile, der, der …", und sie zischte wieder ärgerlich. "Dann gibt's hier auch viel für die Bildung. Ja, da staunst du!" wandte sie sich Bella zu, die ein ungläubiges Gesicht machte.

"Immer wieder stolpert man in Szenen aus der Vergangenheit hinein, wie Stilleben oder Kulissen. Hab' schon Familienfeiern bei reichen Leuten gesehen, Bootsfahrten auf dem fernen Sommersee, Geburten, Todesfälle, einmal sogar einen Mord – furchtbar war das – furrrchtbarr," sagte sie mit rollendem "r" und schwieg eine Zeit lang.

"Da siehst du die unterschiedlichsten Menschen, Kleidungen, Manieren, hörst verschiedene Sprechweisen. Wenn das nicht bildet! – Aber es ist schon unheimlich. In den ersten Jahren hat's mich immer gegraust. Denn wenn du was anfassen, dir was mitnehmen willst, fasst du in leere Luft. Einer, der seine Vergangenheit hier suchte, sagte mir, wenn er in so eine – ja, wie soll ich's nur sagen?" – sie überlegte eine Weile "eine Lebensstunde, ja so nannte der das, hineingeriete und es sei sein eigenes Leben gewesen, so könne er alles hören, riechen und fühlen. Aber für einen anderen bliebe es immer nur ein Bild oder eine Szene, wie im

Theater. – Ja, ja, viele suchen hier, nicht nur den Weg nach Süden, und wenn wir Einheimischen nicht wären – mancher würde umkommen wie 'ne Eintagsfliege. Stolpern hier herein, ohne Proviant, ohne warmes Zeug, wissen nicht, wohin. Vielen können wir nicht mehr helfen. Sind bleich und starr geworden vor Angst, und wenn wir sie dann kalt und tot finden, können wir ihnen nur ein Grab aus Schutt machen. Viele werden auch irre im Kopf. Wenn du sie triffst, reden sie von allerhand, aber du verstehst kein Wort. Oder sie laufen schreiend davon, weil sie glauben, du wärst ein Brillenhüter. Manche sind bösartig geworden, wollen dich anspringen, als wären sie tolle Hunde. Da hilft dann nur dies' Pfeifchen hier," und sie zog ein buntschillerndes Ding aus ihrer Jackentasche.

"Die kommt von der Weisen Frau. Sie wohnt im Tor der Müllhalde, dem zum Süden. Traf vor Jahren ihre Botin, die einen Vergangenheitssucher aufspüren wollte. Ich half ihr dabei und zum Dank gab sie mir dieses "*Schütz mich*!" Ja, das hat mir schon gute Dienste geleistet. Die Botin sagte, sie sei gerufen worden von einem, der heraus wollte, aber in Angstnot geraten sei und zur Weisen Frau um Hilfe gefleht hatte. Seitdem fühle ich mich nie mehr allein, denn nun weiß ich ja: auch ich kann die Weise Frau rufen. Sie ist für uns alle da, die wir im Müll leben. Sagte mir die Botin."

"Und warum bist du nie zum Tor hinaus, nach Süden?" wollte Bella wissen.

"Ach, weißt, Mädchen – ich gehör' nicht zu den Wandervögeln – in den Süden, den Süden …" die Alte brummelte vor sich hin und meinte dann: "manchmal schneide ich Bilder vom Süden aus den Heften, die ich finde, träume vor mich hin, aber losgehen – nein, das ist nichts für mich, ich bin eher so eine zähe Pflanze, die in ihrem Boden bleiben muss", und sie kicherte wieder in sich hinein. Dann griff sie sich einen Keks, aß ihn langsam und genüsslich und fragte nun Bella: "Was gibt's Neues in der Stadt?" Fragte nach diesem und jenem und Bella antwortete, so gut sie konnte

Dann wurde noch ein Kaffee gekocht, und die Alte fragte nach Bellas Weg.

"In den Süden willst du? Dein eigenes Leben anfangen? Mit beiden Augen in die Welt schauen? – Dann musst du zuerst deine Vergangenheit verstehen, ihre Verletzungen heilen, ihre Schätze heben, ihre Monster weglachen und dich selbst aus deinem Eigen-Sinn gebären!"

"Ja, so ist es! Das hast du gut gesagt!" rief ich begeistert. Aber Schnippschnapp schrak zusammen und fragte: "Wer war das denn?"

Bella erzählte von uns beiden. Schnippschnapp schwieg und wandte sich dann mir zu: "Kann ich auch meine Träumerin rufen?" – "Aber ja doch! Die wartet nur auf dich!" war meine Antwort und ich erklärte ihr alles über die Tagländer, die Traumländer und wie wichtig es sei, dass wir zusammen kämen.

Die Alte lächelte froh und meinte: "Nun habe ich wieder was Neues gelernt und werde wohl tun, was du mir geraten hast, Ira." Sie lachte in sich hinein, schon voller Vorfreude auf schönes Träumen.

Es war nun lange nach Mittag, und ich drängte Bella zum Aufbruch.

"Ja, ja", meinte Schnippschnapp, "es wird Zeit!" Sie ging wieder zu ihrer Kiste, holte ein Paar Gummistiefel heraus und eine kleine fast durchsichtige Kugel mit runden Vertiefungen darin. Die Stiefel passten Bella mit dicken Strümpfen. Schnippschnapp gab ihr auch eine knetmassenartige Paste mit – gegen Blasen an den Füßen. An der Kugel solle Bella immer dann riechen, wenn der Gestank zu schlimm sei. Danach wäre es gleich besser, meinte Schnippschnapp. Die Alte gab ihr auch noch eine Flasche Wasser und malte ihr dann auf ein Stück Packpapier eine Karte. Da war der Weg nach Süden eingezeichnet, all die Orte, die sie meiden solle und die Stationen, wo sie aufgefangenes Regenwasser finden würde. Das könne sie getrost zum Waschen und Trinken nehmen.

"Aber ich kenn' mich nur bis zum Schlammsee aus. Wie's weitergeht, weiß ich nicht. Vielleicht findest du dort einen anderen Einheimischen. Die erkennst du immer daran, dass sie einen Sack bei sich tragen. Wenn du keinen Ausweg findest, ruf' die Weise Frau. Aber nur dann! Du musst zuerst immer allein versuchen, dich zurechtzufinden!"

Dann zeigte die Alte Bella noch, wie man den Rucksack besser packt.

Bella schenkte Schnippschnapp das Buch über die Surrealisten mit den vielen Abbildungen. Da hätte sie viel zum Ausschneiden. Schnippschnapp klatschte in die Hände, umarmte Bella und murmelte gerührt: "Dank Dir Mädchen, gute Reise!" Zog ihren Mantel wieder an, schwang den Jutesack über die Schulter und verschwand zwischen zwei Radiotürmen.

Bella studierte noch einmal, in aller Ruhe die Karte der Alten, und ich dachte so für mich: Nie wieder wirst du "Müllfledderer" sagen!

6

Bella schlüpfte in ihren Mantel, schnallte den Rucksack auf – ja, er trug sich schon besser! In den Gummistiefeln konnte sie auch leichter durch Schmuddel gehen.

Wir ließen den Durchlass hinter uns und kamen auf eine weitere Ebene. Ratten huschten quiekend davon und Möwen flogen kreischend auf, wenn wir uns näherten. Eine weite, endlos erscheinende Fläche breitete sich vor uns aus. Ein riesiger Flickenteppich mit Höckern und Pusteln. Sessel, aus denen Schaumstoff klaffte, Tische, die auf drei Beinen schräg gekippt neben allerlei Röhren und Zerschlissenem lagen. Immer wieder Papier, durch Regen und Sonne zu Klumpen gebacken oder Pyramiden aus Zeitungen, Gefetztem und Verblichenem. Plastik, aufgebrochen, mit zackigen Rändern, geborstene Kistchen und Behälter, Spielzeug, zum Teil geschmolzen. Alte Schuhe, die mit ihren Sohlen ein Krokodilsmaul machten. Knäule aus zerschlissenen Kleidungsstücken, verfilzt und mit Ärmeln winkend. Gesplittertes Glas, zerschlagenes Geschirr, rotbraungefressenes Metall.

Wie viel diese Stadt weggeschmissen hatte! Berge, Täler – eine Landschaft aus Abfall!

Einmal trat Bella sogar ein Brillengestell in den Matsch. Sie schaute sich um und sah ein altmodisches Schmetterlingsmodell. Es stak noch ein Stück blaues Glas im Rahmen.

Hin und wieder roch Bella an Stankstopp, so nannte sie nun Schnippschnapps Kugel, und atmete danach leichter.

"Ira?" fragte Bella nach stundenlangem schweigenden Marsch.

"Ja. Was ist?"

"Immer wollte ich so viel erzählen, nie ließ man mich ausreden. Jetzt bist du da, willst zuhören – aber eigentlich wollte ich doch nur davon reden, wie mir ist, was ich machen, wie ich leben, wie ich sein will. Auch über das, was mich ärgert, na, auch darüber, wovor ich mich grusele. Aber meine Lebensgeschichte will ich dir gar nicht ausbreiten. Meine Vergangenheit – ist denn das so wichtig?"

Aha, Bella hatte über die Worte Schnippschnapps nachgegrübelt. Ich war so mit Eigenem beschäftigt gewesen, hatte Bella nicht mitgefühlt.

"Du möchtest also am liebsten laut vor dich hin träumen, und ich soll ab und zu mal etwas einwerfen, zum Ansporn. Oder du möchtest schimpfen und ich soll bekräftigend "so eine Schweinerei" sagen. Oder du willst dich beklagen, die Last mit einem Schwall Worten von dir rollen und möchtest von mir "Arme, arme Bella" hören."

"Hm", gab Bella zurück. "So habe ich das mit dem Erzählen nicht gemeint. Ich sehe nicht ein, wieso ich meine Gefühle nicht äußern soll – was hat das mit Vergangenheit zu tun?" trumpfte sie auf.

"Nicht-sollen – davon ist keine Rede. Ich wollte dir nur sagen, was du mit dem Erzählen suchst, ist Bestätigung. Und warum suchst du sie? Nun, das eben hängt mit der Vergangenheit zusammen. Vorhin sagtest du: "Wie ich sein will". Was meinst du damit? Bist du, so wie du bist, nicht gut genug?"

Bella wurde nachdenklich und verlangsamte ihre Schritte.

"Besser eben", murmelte sie vor sich hin, "etwas Grosses!"

"Bist du denn zu klein, Bella?"

Bella antwortete nicht, stapfte weiter, weiter, weiter.

Ein Papierhaufen versperrte ihren Weg und sie trat voller Wut hinein. Ein Hochflattern, als wären es herbstliche Blätter, Rascheln und Stieben. Ein Schuhkarton voller alter Schulhefte, Fotos mit gewellten Rändern und einem kleinen Büchlein kippte um und der Inhalt verteilte sich auf den anderen Papierkram. Das Büchlein war vor Bellas Füße gerutscht. Sein Einband sah wie geknittertes grünes Glanzpapier aus, am Buchrücken war es mit Tesa zusammengeklebt, der schwärzliche Schmutzränder hatte. **POESIE** stand vorne in großen schwarzen Lettern.

Bella bückte sich und rief erstaunt: "Das ist ja mein Reiseheft! Wie kommt denn das hierher, ich habe es doch auf dem Boden unserer Wohnung gelassen!"

Bella blätterte es auf und zwei Zettel fielen heraus. Sie bückte sich, entdeckte dabei die Fotos. "Das sind ja alte Fotos von meiner Mutter, als sie noch jung war und da: eins von meinen Großeltern! Wieso ist das alles hier?"

Ich konnte Bella auch nicht aufklären. So etwas war ja im Tagland normalerweise unmöglich. Bei uns gab's das alle Träume lang. "Seelenmüll", orakelte ich und Bella grummelte: "Ob ich will oder nicht – Vergangenheit."

Sie hob alles auf, steckte die Fotos ins Büchlein und klemmte es unter den Arm. Die Zettel behielt sie in der Hand, faltete den einen im Weitergehen auf. Er war mit schwarzer Tinte beschrieben. Ein Gedicht. Sie las laut, langsam und mit belegter Stimme:

Einsam und doch mitten unter Menschen,
gefallen und doch schon wieder gestiegen,
unverstanden und allein
und doch gesucht von irgendeinem Menschen
– das bin ich.
Angeekelt von der Welt und den Menschen
und doch entzückt von ihrer Schönheit.
Voller Gefühl und doch gefühllos,
voller Bitterkeit und doch voll Mitleiden
– das bin ich.
Ich sehe, ohne zu erkennen.
Ich bin, ohne zu sein.
Hässlich und widerlich und doch manchmal bewundert,
zerrissen von mir selbst und doch noch am Leben
– das war ich?

"Wie alt war ich, als ich das aufschrieb?" fragte sich Bella. "Elf", stellte sie nach einigem Grübeln fest. Sie lauschte den Worten nach, die sie eben gelesen hatte, sah sich allein in der Wohnung, allein, allein, wann würde Mutti wiederkommen?

Um die aufkommende Traurigkeit zu überwinden, faltete sie das Gedicht zusammen, steckte es in die Manteltasche und besah sich den mit Bleistift bekritzelten Zettel mit seiner runden, kindlichen Schrift. Manches war mit einem Schwung nach oben unterstrichen.

"Wann habe ich das nun wieder geschrieben? Ich kann mich nicht mehr erinnern, aber es muss schon zur selben Zeit gewesen sein, die Schrift ist ähnlich."

Sie las, leiser und leiser:

Wie ich werden möchte:

Ich möchte Klavier spielen können / gut improvisieren und gut erzählen können, schlagfertig sein / anpassungsfähig / ein gutes Gedächtnis / eine faszinierende Ausstrahlung haben / nicht oberflächlich / nicht mit Mittelmäßigkeit zufrieden sein / mit jedem Menschen umgehen können / aber eine starke Persönlichkeit haben / gut durchdachte Ansichten haben / eine gute Beobachtungsgabe / Menschenkenntnis (Fähigkeit, die Hintergründe und das Wichtigste zu erkennen) / Wissen sammeln und auch Interesse für Gebiete, die mir nicht so stark liegen / Gefühle haben für andere Menschen / andere glücklich machen können / nicht verzweifelt sein, wenn ich einen Misserfolg habe / frei sein und nicht an Obere gebunden / ein Abenteuerleben führen / alle Höhen und Tiefen durchleben / Mut haben, Leute, die ich toll finde, kennenzulernen / clever sein, um in jeder Lebenslage zurecht zu kommen Konzentrationsfähigkeit / Glauben finden und anderen dienen und helfen / gute Gastgeberin / gute Unterhalterin, auch Gesprächsthemen finden in einer Gesellschaft mit vielen verschiedenen Leuten / nicht schüchtern sein / fraulichen Charme haben / anziehende Geliebte sein / zärtlich, liebevoll / auch erotisch / mich schick kleiden und schminken.
– Ich möchte Dichterin sein.

Sie steckte den Zettel schnell weg. Was sie da über sich erfahren hatte, war ihr nun peinlich. Sie kam sich vor, als würde sie nackt auf einer Bühne stehen und tausende Augenpaare seien auf sie gerichtet. Sie ging immer noch weiter, zögernder, mitten durch Papierwust und ölschillernde Lachen. In ihrem Kopf formte sich ein Bild: eine Riesengestalt, ganz in schwarz, an der lauter kleine Pappschildchen hingen, mit *"nie mittelmäßig"*, *"faszinierende Persönlichkeit"*, *"gute Beobachterin"*, *"anziehend"*, *"nicht schüchtern"* oder *"anderen dienen und helfen"*. über und über war diese Riesin mit den Etiketten bedeckt. Wer sie selber war, konnte man nicht mehr erkennen.

Bella dachte: Habe ich das mal aufgeschrieben? Ich? Will ich denn so sein?

Einiges ist so albern, wichtigtuerisch. Wiederholungen. Aber manches möchte ich immer noch: ein Abenteuerleben führen, nicht verzweifelt sein, frei sein, eine Dichterin sein, eine anziehende Geliebte … Aber kann ich das denn?

Es ist so viel – ein hoher, hoher Berg. "Ja, ja, "ich wollt' ich wär'…" Was kann ich denn? – "Gar nichts", sagte eine düstere, hohle Stimme in ihr und Bella fühlte sich leer und klein. Winzig. In einem dunklen Keller. Sie schluckte und biss die Zähne zusammen, aber dann rollten ihr Tränen über das Gesicht. Sie schluchzte vor sich hin und sah alles nur noch verschwommen. Der leuchtrote Sonnenball wurde ihr zu einem Unterwasserloch. Ich flüsterte Bella zu: "Such dir jetzt ein Plätzchen zum Ausruhen, es wird bald dunkel."

Tränenblind äugte Bella umher und entdeckte dann ein paar große Holzkisten, die nicht allzu arg zersplittert waren . Sie schob sie zu einem großen **L** aneinander, fegte mit einer Zeitung den Boden frei. Ah, zum Glück war er trocken! Dann ließ sie den Rucksack runterrutschen, beförderte ihn mit dem Fuß in den Winkel des **L**, zerrte den Schlafsack heraus und hockte sich darauf, jämmerlich weinend.

Bella beruhigte sich nur langsam und es war schon finster, als ihr Schluchzen nachließ.

"Bella, meinst du nicht, dass es gut wäre, wenn du verstehst, was dich so traurig macht? Wo es herkommt? – Aber das überträum' erstmal. Ich mache dir jetzt was zu essen."

Ich holte den Kocher heraus, den Topf, das Wasser, eine Tütensuppe, Schokolade, Brot und Wurst. Der Gaskocher zischte bläulich in die Dunkelheit. Ich belegte eine Schnitte, gab Bella ein Taschentuch, und als sie sich ausgeschnäuzt hatte, bekam sie Kaffee, Brot und Schokolade. In den Rest des kochenden Wassers schüttete ich das Suppenpulver und rührte bedächtig. Bella aß, zuerst zaghaft, dann aber doch mit großen Bissen und Schlucken.

Als alles verspeist war, zog sie eine Zigarette hervor, zündete sie an und sog befriedigt daran. Niemand hier, der ihr das verbieten konnte!

Ich räumte auf.

Bella holte Klopapier aus einer Seitentasche des Rucksacks, tastete sich ein stückweit weg, die Taschenlampe fest umklammert. Dann hockte sie sich hin. Die Lampe am Boden warf eine dünne Lichtspur zu einem unförmigen Etwas.

Ich machte den Schlafsack für Bella zurecht, und da kam sie auch schon vorsichtig angetappt. Eingemummelt lag sie dann da, lauschte all dem Zischen und Schleifen, Knacken und Klirren. Bevor sie noch weiter erschreckt fragen konnte, ob die Ratten sie wohl anfallen würden, schickte ich ihr einen Traum. Legte einen unsichtbaren Schutzwall um sie und dachte noch im Hinübergleiten: die Vergangenheit taucht hier im Schutt auch nicht geordnet auf, eher wie bei uns, wie in Mosaiksplittern.

Bella träumte:

Wir waren wieder an der Quelle, wo wir uns letzte Nacht getroffen hatten. Schnippschnapp kam vorbei, in einem leuchtgrünen Mantel mit einer großen zusammengerollten Collage unter dem Arm. Auch die Riesin stelzte herbei und schüttelte sich, bis all ihre Schildchen davonstoben wie Schneeflocken. Wir blieben lange dort, schauten Regenbogenvögeln zu, die für uns Pirouetten flogen. Lachten über Igel, die zusammengerollt Formationen bildeten und Sterne und Blumen kugelten.

7

Ich folgte Bellas Träumen. In einem stand Bella an der Blee: dickflüssiges Wasser – das andere Ufer war im Dunst verschwunden. Am Horizont eine massige Duckdalbe, auf der eine Möwe mit roten Augen einbeinig hockte und zu Bella hinüberstarrte.

Im Wasser Menschen, aufrecht, nur die Füße leicht von der Strömung nach links gezogen, die Köpfe bis zum Kinn im Wasser. Alle schliefen und Bella fragte sich: "Wie können sie denn schlafen? Sie werden ertrinken!" Aber die Menschen schliefen weiter, der Strom trug sie sanft dahin, sie trieben vorbei. Es blieb ruhig und friedlich.

Dann sackte Bella in die weichen Federbetten des Tiefschlafs, und gegen Morgen träumte sie von einer Straßenkreuzung breiter Alleen. Alles im schaurigen Zwielicht, nur eine Bogenlampe strahlte dünn durch zwittrigen Nebel. Die Straßen waren überflutet, und Bella zögerte am Kantstein, ging dann aber doch über die Straße. Kleine Wellen zogen hinter ihr her, die Wasseroberfläche schimmerte orangegelb.

Bella starrte auf die schwarzmassigen Flächen der hohen Häuser auf der anderen Straßenseite. Ein Blick auf die ganze Kreuzung. Alles leer, weit und düster. "Wie die Kulissenbilder von Chirico", dachte sie im Hochtauchen in den Tag.

Räkeln, Strecken, und dann kuschelte sich Bella in ihrem Schlafsack zusammen, lugte nur verdrießlich zu mir hinüber. Die Sonne war noch nicht aufgegangen, und mir blieb ein wenig Zeit.

Ich zog den Plan aus Bellas Manteltasche, schaute nach, wo die nächste Regentonne war und huschte schnell davon. Fand unterwegs eine kleine rote Plastikschüssel, die nur am Rand angeschmolzen war, aber keine Löcher hatte. Dann sah ich die Tonne. Sie war randvoll, und ich schöpfte, wusch den Topf, die Plastikschüssel und füllte sie mit Wasser. Als ich zurückkam, war's zu spät zum gemeinsamen Kaffeetrinken, und ich verzog mich fix in Bellas Schatten.

Bella schälte sich schwerfällig aus dem Schlafsack, knurrte etwas vom harten Boden, setzte dann aber den Topf auf und machte sich daran, Gesicht, Hals und unter den Achselhöhlen zu waschen, wobei sie bibberte und prustete. Morgens war es noch sehr kühl, mittags zu heiß und abends zu kalt. Welchen Monat hatten die Tagländer eigentlich? Ich wusste es nicht und so fragte ich Bella. "Der Aprilregen ist schon vorbei, also Anfang Mai – Quatsch! Mein Zeugnis habe ich am 8. Mai abgeholt, jetzt wird's der 10. sein", nuschelte Bella, die Zahnbürste im Mund.

Das Wasser sprudelte und Bella bereitete ihren Kaffee, schmierte eine Stulle, schnitt eine kleine Teewurst auf und brach – zum Nachtisch – einen Riegel Schokolade ab. Sie saß im Schneidersitz da. Ich lag in ihrem Schatten, den die Sonne schräg hinter Bella gekippt hatte.

Dann gab's die Morgenzigarette, und Bella fühlte sich munterer, aber noch ein bisschen erschöpft vom Weinen am Vorabend, die Augenlider waren auch noch angeschwollen und brannten ein wenig.

Bella griff hinter sich zu ihrem Rucksack und holte das Büchlein heraus. Dabei flatterten ihr die Fotos vor die Füße und sie breitete alle vor sich aus, steckte sich zur Stärkung noch eine Zigarette an und schaute dann genau hin.

"Bella", sagte ich, "erzähl mir, was du siehst, da brauch ich nicht so mühsam ins untere Ende deines Schattens zu kriechen."

Das war – Sie haben es wohl erraten – nur eine List. Ich dachte mir nämlich, wenn Bella spricht, kommt sie nicht auf traurige Gedanken. Außerdem hatte ich bemerkt, dass es einen Tagländer immer aufmuntert, wenn er seine eigene Stimme hört. Und Bella sollte auch nicht vergessen, dass sie nicht alleine war – beim Vor-sich-hin-brüten entfernte sie sich immer so taglandweit von mir.

"Was hast du gesagt?" murmelte Bella.

Ha, war sie doch fast schon in sich verschwunden! Ich wiederholte meine Aufforderung. Bella seufzte auf und begann unlustig. Aber als sie erst einmal ins Reden kam, ging es schon besser.

"Dieses große, vergilbte Schwarzweißfoto hier: Die Familie meiner Mutter. Links vorne meine Großmutter in einem dunklen Kleid, mit einer weiß umrandeten Knopfreihe bis zum Gürtel, auf dem Kragen feine weißgezackte Spitze, wie Rosenblätter. Sie hält sich sehr gerade, schaut durch ihre dunkel getönte Brille aus dem Bild heraus: Im Brillenglas ist ein kleiner heller Schimmer. Ihre Nase breit mit geblähten Nasenflügeln, ihr Mund geschlossen, in den Mundwinkeln nistet ein Lächeln. In der Mitte meine Mutter, daneben mein Großvater. Links hinter Oma Mutters Schwester Lea, daneben Arne und Lilia – vier Mädchen, alle haben sie die gerade schmale Nase vom Opa und den Mund von Oma, nur voller und zu einem "*Bitte freundlich*" hochgebogen. Leas und Arnes Brille schimmern auch hell auf. Großvaters Mundwinkel sind missmutig nach unten gekerbt. Er schaut nicht aus dem Bild heraus, sondern nach links weg. Würde man eine Linie durch die Augen ziehen, ergäbe das ein Parallelogramm."

Ich musste lachen: "Ich wusste gar nicht, dass dich Mathematik so inspiriert!"

"Ach, ist mir eben so eingefallen", meinte Bella und sie fuhr fort: "Die Schwestern haben alle hübsche Kleider an, mit besticktem Kragen, Lea sogar eine Perlenkette um, nur meine Mutter in Arbeitsdienstuniform mit einer Anstecknadel vor dem obersten Blusenknopf – die Dienstmedaille mit goldener Brille! Auch mein Großvater in seinem dunklen Anzug und zugeschnürtem Kravattenhals trägt eine Nadel am Jackettkragen. Ich kann aber nicht erkennen, was darauf abgebildet ist."

"Was war denn der .. Arbeitsdienst?" fragte ich verwundert.

"Das war zur Zeit des Oberbrillenmachers Thelir, vor mehr als zwanzig Jahren. Er war ein Menschenschinder, der mit allen Städten im Tagland Krieg anzettelte, viele dazu verleitete, sich gegenseitig zu bespitzeln und zu misstrauen, seine Gegner foltern und auf die schlimmste Weise umbringen ließ. Aber wie viele folgten ihm! Er versprach, dass alle, die zu ihm hielten, etwas Besseres seien ..." da stockte Bella und murmelte: "besser, was Grosses – habe ich das nicht gestern gesagt?" .. "Und ausgewählt wären sie, das "*Weltreich der Goldenen Brille*" zu gründen." So viele, die sich klein fühlten, einen Vater suchten, der ihnen das Leben schon einrichten, ihnen schon ein Stück vom großen Kuchen abgeben würde, folgten diesem Menschenfänger.

Aber vielleicht waren sie auch nur froh, dass Thelir ihnen einen Sündenbock anbot – die Froler. So konnten sie all ihren Hass, Ärger, ihre Gefühle von Niederlage und Angst loswerden und die Froler für alles verantwortlich machen, was ihnen das Leben verdunkelte. Wenn Thelir gesagt hatte, dass die Froler an allem Unglück schuld seien, dann musste es ja stimmen. Auch die von der Kirche meinten, die Froler hätten schon vor Jahrtausenden den Gottessohn umgebracht und so einem Volk sei nichts Gutes zuzutrauen!

Die Froler hätten einen beißenden, tvckischen Blick, seien unsaubere Gestalten, Unmenschen und würden jedem anständigen Brillenmacher nur das Geld aus der Tasche ziehen und ihn unterkriegen wollen, wenn er so dumm sei, sich mit ihnen einzulassen.

Dabei waren die Froler Menschen ohne ein eigenes Land, lebten hier und dort, passten sich den Sitten der anderen an und taten ihr Bestes, um sich da zuhaus zu fühlen, wo sie waren. Sie behielten aber ihre Religion und Gebräuche bei und waren so immer DIE ANDEREN. Schon vorher hatte man ihnen die Ausübung vieler Berufe verboten und so kam es auch, dass einige zum Geldgeschäft Zugang fanden und sehr erfolgreich wurden, denn da ließ man sie schon machen und lieh sich Geld von ihnen, wann immer man es brauchte. Aber es gab auch viele arme Froler, z.B. Schuster und Schneider, die so kärglich ihr Leben hinbrachten, dass es merkwürdig ist, wieso es damals hieß, dass alle Froler Geizkragen seien, nur raffen wollten und im Geld schwimmen würden.

Thelir ließ Tausende und Abertausende von ihnen umbringen, foltern oder sie für seine Rüstungsindustrie arbeiten, bis sie vor

Hunger und überanstrengung starben. Das machte er auch mit Menschen aus den eroberten Städten und Provinzen so und mit all denen, die im eigenen Land seinen Ansichten nicht folgten.

Und all die halfen ihm, die dachten, endlich sei das Leben gezähmt, nun gäbe es den einzigen, den richtigen Weg, nun müsse man selber nicht mehr mühselig suchen, nicht mehr verantwortlich sein für seinen eigenen Hass und seine eigenen Schwächen.

Das denke ich mir so, denn eigentlich weiß ich wenig über diese Zeit. In der Schule kamen wir im Geschichtsunterricht gar nicht so weit, nur ein paar allgemeine Bemerkungen hörten wir. Allen scheint es peinlich zu sein, von dieser Zeit zu sprechen, denn schließlich verlor Thelir doch seine Kriege. Die Stadt der Brillenmacher wurde von anderen Tagländern bekämpft und dann besetzt, Thelir brachte sich um und seine Anhänger verkrafteten diese Niederlage nur schwer – möchten sie wohl jetzt noch gerne aus ihrem Gedächtnis streichen und viele tun heute so, als wären sie nie Thelir gefolgt, als hätten sie mit den Greueltaten nichts zu tun gehabt. Die meisten schweigen sich darüber aus, was sie damals wirklich getan haben. Es gibt auch Gruppen, die wieder all das von sich geben, was Thelir damals verbreitete oder sagen, es sei eine Lüge, dass Thelir die Froler umbringen ließ.

Von meinen Eltern habe ich auch nie viel erfahren können. Ich fühlte immer, dass ich nicht fragen solle, und so ließ ich das Fragen dann bald sein. Das gehörte auch zum "darüber spricht man nicht" – aber wenn sie nun auch Froler umgebracht haben oder andere oder Denunzianten waren? Und mein Vater war doch unter Thelir Soldat – was machte er in jener Zeit? Nie wurde mir erzählt, was sie erlebt hatten, immer Verschweigen. Manchmal nahmen sie nur die Brillen ab und blinzelten heftig, setzten sie dann aber energisch wieder auf und sprachen von der Ordnung, die damals herrschte, nicht so wie heute, wo die Nacktäuger ihr Unwesen treiben könnten, und schließlich habe Thelir auch viel Gutes getan, ohne ihn – wie viele wären arbeitslos geblieben und die Autobahnen habe er bauen lassen …

Die mit ihrer Autobahn! Das habe ich noch jedes Mal zu hören bekommen. Und – "fröhlich ging es bei uns zu, da wurde gesungen und gespielt und nicht so herumgehangen wie die heutige Jugend! – Und sauber waren wir – anständig – ja, ja, wir sind immer anständig geblieben …" und dann geht's bei mir zum einen Ohr rein und zum anderen wieder raus. Immer wieder dieselbe Litanei, Beschwörungsformeln, immer um die Wahrheit drumrum geredet, nie etwas von sich erzählt – aber mir sagen "red' nicht so viel!"

Bellas Halsschlagader klopfte hektisch, und ich verstand plötzlich, woher die vielen Albträume zu uns gekommen waren – all die unterdrückten Erlebnisse und Stimmen! Irgendwo mussten sie ja bleiben und da die Tagländer schon immer ihre Nachtseiten nicht wahrhaben wollten, nicht mit ihnen leben konnten, schütteten sie all das ins Traumland und so kam nun aus diesem riesigen Abflussrohr alles zu uns hereingestürzt, was die Seelen der Tagländer nicht verdauen konnten! Und wir können uns dann lange mit ihren Albträumen abplagen, versuchen, sie zu verstehen und zu verwandeln! Aber wie helfen wir den Tagländern, aus ihren Albträumen zu lernen? Denn Albträume sind ja ihre Müllkippen der Seelen, wie die Müllkippe hier auch nicht nur Abfallhaufen ausrangierter und zerbrochener Dinge ist und ihre Traummüllkippen können sie noch besser vergessen als diese hier und mit den Vernunftschirmen nachhelfen!

Ich war aufgeregt, denn da hatte ich etwas herausgefunden, was ich vorher noch nicht wusste. Ob unsere weisen Traumtänzer sich darin auskannten? Und auch dieses "Besserseinwollen" der Tagländer! Warum konnten sie nicht einfach sein? Ich wollte mich bald mit unserem Oberwolkenschieber treffen und ihm berichten, ihn ausfragen.

So spannen sich Gedanken in mir zu allerlei verschlungenen Netzen. Bilder tauchten auf, die Bella wohl irgendwann einmal gesehen hatte, aber worüüber sie vorhin nicht sprechen konnte. Furchtbare Bilder von Bergen von Leichen – Folterungen – "heil Thelir" schreienden Massen, die ihre Arme hochreckten und ihrem Führer ihre nackten Handflächen hinstreckten, deren Augen hasserfüllt und größenwahnsinnig blitzten – Viehwaggons, in denen Frauen, Kinder, alte Männer zusammengepfercht waren und auf die Vernichtung zurollten.

Schlimmer als alle Albträume, die ich bisher durchlitten hatte! Und es waren nur Bilder, die Bella durch ihre Empfindsamkeit belebt hatte. Wie musste es denn gewesen sein, Tag für Tag? Ich konnte gar nicht mehr denken und fühlte mich so, als ob ich in einem saugenden Morast steckte, der mich langsam in sich einzog und erstickte.

Nur von weit her drangen Bellas Worte zu mir. Sie rief wohl mehrmals meinen Namen, und ich atmete auf, als der Sog nachließ und Bellas Stimme wieder nahe war.

"Ira, wo bist du denn, Iraaaa?"

"Ja, ja, Bella, es ist wieder gut – ich hatte mich nur verirrt in all dem, was du mir über Thelirs Zeit gezeigt hast."

"Das ist auch zum Verirren! Eigentlich versteh' ich nicht, wie das hatt' kommen können. Warum können Menschen nur so sein? Ich versteh' nicht und versteh' nicht, warum keiner mir erzählen will, wie es wirklich war, wie sie dahin kamen, sich einzureihen und nach Thelirs Pfeife zu tanzen. Ich will aber endlich verstehen, ich will, dass das alles aufhört, dieses Verschweigen und Beschönigen und Autobahn und Sauberkeit und Ordnung, Pflicht und Gehorsam, und …"

Bella keuchte und sprang auf, trampelte mit einem trotzigen Gesicht, das schon zum Weinen verzogen war, auf den Fotos herum.

"Bella, vielleicht können deine Eltern ja nicht darüber reden, weil das Gelebte ihnen zum Albtraum geworden ist – wie ein Zentnerstein um ihren Hals."

"Können nicht – können nicht – ach, was, sie wollen nicht – sie sind ja an nichts schuld gewesen, aber ich bin schuld, wenn ich fragen will, reden will, nicht an ihre sauberen Brillen glauben will!"

Und sie trat in einen Haufen loses Zeug, das auseinanderstob. Ein Schwall Verwesungsgeruch dünstete hoch. Bella würgte und wühlte hastig nach Stankstopp, hielt ihn krampfhaft unter die Nase und war so mit Durchatmen beschäftigt, dass sie nicht mehr zum Weinen kam. Sie raffte mit einer Hand den Essenskram zusammen, schüttelte den Topf und der Rest Wasser sprühte heraus; packte und stopfte, die Kugel immer noch an die Nase gepresst.

"Bloß weg hier", murmelte sie immer wieder, aber es ging ihr viel zu langsam, und Wut und Ekel mischten sich, kollerten in ihr herum, bis sie als dicke Tränen über ihre Wangen liefen. Endlich hatte Bella den Rucksack vollgepfropft, auf den Rücken geschnallt und stapfte los, machte dabei einen großen Bogen um den zerfledderten Haufen.

Schluchzend stolperte sie vorwärts. Gequälte Laute kamen aus ihrer Kehle und wurden ihr nach ein paar Minuten selber unheimlich. Sie hielt an und schniefte: "Ira, alles ist so schrecklich. Ich will raus hier, weg, weg, weg!" Und schon stürzte sie wieder davon, zwischen jedem "weg" ein schriller Heulton. Mir wurde auch eng und bange, und ich konnte kaum denken: Wie sollte ich Bella helfen? "Jedenfalls eins nach dem anderen", meinte mein *Pfiffikus*, der plötzlich auf meiner Schulter hockte, denn er hatte wohl gemerkt, dass ich völlig durcheinander war. Zum Glück hat jeder Traumländer seinen Schutzgeist – meiner ist *Pfiffikus* – auf den kann ich mich verlassen! Er ist immer dann da, wenn ich steckenbleibe.

Eins nach dem anderen? Ja – Bella rannte blindlings ins Geschütter, und ich merkte schon, dass sie die falsche Richtung eingeschlagen hatte. Ich beriet mich schnell mit *Pfiffikus* und dann war mir wieder besser. Süden lag rechter Hand, aber Bella war nach links gelaufen, und so mussten wir gleich mal abbiegen. Doch bevor ich Bella noch etwas zurufen konnten, kamen wir in eine große Mulde, die voller Autowracks, verrosteter und verbogener Fahrräder, zerbrochener Dreiräder und Motorräder war. Da und dort blinkte noch Verchromtes in der Sonne auf. Übereinandergestapelte Autos, manche zusammengedrückt, Türme neben Türmen und dazwischen eine Art Straßen, auf denen verbogene Räder, aus denen Speichen piekten, ein Paar Rollschuhe und ein Schlittschuh mit abgebrochenen Kufen lagen. Ich wollte Bella zurufen, dass sie umkehren solle, aber sie war schon schliddernd beim Abstieg, über Haufen von Metall, das aneinanderklöderte, schepperte und klapperte. "Bella, bleib doch mal stehen" rief ich verzweifelt. Doch Bella hörte mich nicht, war schon in den Labyrinthen zwischen den Autowracktürmen, die bedrohlich hin- und herschwankten verschwunden. Weit vorn liess sich Zusammenkrachen und Getöse von fallendem Blech hören. Die Sonne gleißte und heizte Öle und Schmiere zu einer beißenden, mit Benzingeruch vermischten Ausdünstung auf, die Bella schwindelig machte und sie nur noch mehr zum Rennen brachte. In ihrem Kopf tickte es so laut "nur raus hier, raus", dass all mein Rufen nichts nützte.

Sie bog grad wieder um einen Autoturm, als sie vor sich einen riesigen Platz sah, gedrängelt voll Menschen. Kleine Kinder, Jungen und Mädchen, alte Männer und zittrige Frauen, aber auch Leute mit Aktentaschen, Damen in Abendkleidern, Hausfrauen mit Einkaufstüten. Alle hatten Brillen auf den Nasen, gelbe, blaue, rote, schwarze, changierende – sogar ein Graumelierter, ganz vorn, mit einer goldenen auf der dicken Nase. Aber was hatten sie da um den Hals? Alle trugen sie ein Halsband, dünn oder dickledrig, aus Samt oder wie ein Kettchen. Leinen waren daran! – Nein, das konnte doch nicht sein! Doch, doch, wie Hunde waren sie angeleint und jeder an seiner Leine! Bei all dem Gewimmel: keine Leine verhedderte sich mit der anderen! Und jetzt sah ich es auch: jede Leine führte hoch zu einem Autoturm. Da hockten große schwarze Riesinnen oder Riesen, mit Zettelchen besteckt, wie Bellas Riesin von gestern Abend. Oder kleinere, geduckte Gestalten mit bösartigen oder lockenden, grinsenden Fratzen und hohen Hüten, auf denen stand "*Meine liebe Mutter*" oder "*Vater, du bist der Beste*" oder "*Nach mir bist du nicht geraten*". Da: Eine Hockende mit einem riesigen Schild "*Das ist der Dank dafür*" und dort eine mit einem Band um den Bauch "*Ohne mich wirst du in der Gosse landen*".

Die hielten jeder seine Leine, zupften oder rissen daran, und dann wurde wieder einer im Gewühle zurückgezerrt, stolperte oder fiel sogar hin. Andere lockerten ihre Leinen, und ich konnte erkennen, wie sich viele aus der Menge losmachten, mit beschwingten Schritten davoneilen wollten, dann aber mitten in der freudigen Bewegung ein Ruck und sie stemmten sich verzweifelt gegen die Leine, wurden aber unaufhaltsam wieder ins Gewühle zurückgezogen.

Bella fasste sich plötzlich an den Hals und riss an etwas herum – ein Halsband! Vor Schreck rief ich laut "Hilfe" und da war auch schon *Pfiffikus* und lachte scheppernd: "Aber Ira, erkennst du denn Tagträume nicht mehr?"

Ach so, ein Tagtraum! Ich seufzte erleichtert auf und konnte mir nun in Ruhe anschauen, wer denn wohl Bellas Leine in der Hand hätte. Hinter mir, auf einem der höchsten Türme, hockte so eine Riesin mit vielen angesteckten Zetteln, einer gestrengen Miene, einem Hut auf dem Kopf, der mit Bändern umwunden war, auf denen ich lesen konnte: "*Ohne mich wirst du nicht… ohne mich wirst du nicht!*"

Bella schwankte hin und her, so sehr zerrte die Riesin an der Leine, und es war höchste Zeit, dass Bella aus ihrem Tagraum herausfand. Aber was sollte ich nur anstellen, um ihr dabei zu helfen?

Noch bevor ich mir diese Frage beantworten oder *Pfiffikus* Gezischel verstehen konnte, war Bella auch schon aus dem

Gleichgewicht geraten und kippte nach hinten. Der schwere Rucksack zog sie nach unten. Schon war sie mit einem erschrockenen "Aua" auf ihrem Hinterteil gelandet und lag da, wie ein hilfloses Baby. Sie fuchtelte wild herum, berappelte sich dann aber, schlüpfte aus den Rucksackriemen und richtete sich auf.

Der Platz vor ihr war leer! Nur ein paar Häufchen Eisenteile, und hie und da wehten Papierfetzen darüber. Bella schluckte und drückte ihre Nasenspitze an die hochgeschobene Oberlippe, was sie immer tat, wenn sie nicht mehr weiter wusste.

Mit zaghafter Stimme flüsterte sie: "Ira, bist du noch da?

"Ja, ja, na klar, immer, sowieso, ich ..", stotterte ich vor lauter Freude und riet ihr, sie solle erstmal verschnaufen und sich eine anstecken. Das tat Bella eilig, lehnte sich an den Rucksack und inhalierte den Rauch wie eine Ertrinkende den ersten freien Atemzug.

"Was war denn das, Ira", frage Bella nach einer Weile und ich sagte beruhigend: "Nur ein Tagtraum – das kommt von deinen Gedanken vorhin und von dem, was du mir erzählt hast."

"Ach so", sagte nun auch Bella, wie ich vorhin zu *Pfiffikus*. Sie schwieg eine Weile, und meinte dann: "So sind wir alle am Gängelband und sehen es nur nicht – außer wir sind hier und haben unsere Brillen abgenommen!"

Bella nickte befriedigt, bekam dann aber doch eine Gänsehaut, als sie an den wimmelnden Platz zurückdachte, an all die Gestalten auf den Autotürmen, und der Kehlkopf schien immer noch vom Zerren des Halsbandes zu drücken.

Bevor sich Bella noch mehr hineinsteigern konnte, sagte ich ihr, dass sie die falsche Richtung genommen hätte, und dass wir nun mal abbiegen müssten. Bella stimmte zu, schob sich aber vorher die Gummistiefel runter und bestrich ihre Füße mit Schnickschnaks Salbe.. Dann nahm sie noch ein paar Schlucke aus der Wasserflasche und weiter ging es.

8

Bella wandte sich nach rechts, durch die Schluchten zwischen den Autotürmen hindurch und suchte lange nach einem Aufstieg aus der Mulde. Schließlich kam sie an eine steile Wand – zugeschütteter Abfall, aus dem wie Webfäden Fetzen, Schleimiges und Bleiches herausragte. Bella musste wieder zum "Stankstopp" (wie sie Schnippschnapps Kugel getauft hatte) greifen und sie hastete wohl mehr als eine halbe Stunde an diesem Berg entlang, bis sie zu einem älteren Teil kam, der von Wind und Regen abgeflacht und sogar hie und da mit kleinen Sträuchern bewachsen war, die Bella ansteuerte. Mühselig ging es im Zickzack hinauf und sie schnaufte atemlos, aber erleichtert "ouff", als sie endlich oben angelangt war und den Blick frei auf eine Ebene hatte.

Stunden um Stunden zwang sich Bella über diese Wüstenei aus Verschrumpeltem, Formlosem und Aufgequollenem, immer Richtung Süden. Zwischendrin setzte sie ihren Rucksack ab und schmierte sich Schnickschnacks Paste auf die Druckstellen von den Riemen, dann einige Schlucke Wasser und die unvermeidliche Zigarette.

Das Plateau dehnte sich endlos zum Horizont – "bis zum Rand der Welt", klagte Bella einmal gegen Mittag, als der Rucksack immer lastender an ihren Schultern hing. Zum Glück hatte sie einen ausgefransten, aber noch passablen Strohhut gefunden, um sich vor der Sonne zu schützen, sonst hätte sie wohl Hirnerweichung bekommen.

Zweimal sah sie in der Ferne grau-schwarze Gestalten gegen den glühend hellen Himmel, aber sie hatte nicht den Mut, zu winken oder zu rufen. Wer weiß, vielleicht waren das doch nicht so freundliche Menschen wie Schnickschnack, sondern nur Schemen aus irgendjemands Vergangenheit.

Eintöniges Gekreisch von Möwen, die beim Näherkommen aufwölkten, geschäftiges Huschen, Rascheln und Quieken und all die Geräusche, wenn der Wind mit dem Gefledder spielte, es bauschte, wieder zusammensinken ließ und zu zuckenden Schatten formte begleiteten uns.

Endlich kamen wir an den Rand dieser Hochfläche. Terrassenförmig ging es hinunter, fast eine Viertelstunde bis zur jeweils nächsten Terrasse.

Dann türmten sich wieder Hügel auf und ganz hinten zeichnete sich ein langgestrecktes Massiv ab. Das mussten die Sandberge sein, so erinnerte ich mich an Schnickschnacks Karte und danach kam dann das Matschmoor und der Schlammsee.

Ein Pfad mäanderte durch diese buckelige Talsohle und Bella ruhte sich an einem trockenen Plätzchen aus, aß und trank, bevor sie diesem schmalen Weg folgte. Nach einer Weile entdeckte sie eine volle Regentonne, füllte die Wasserflasche auf und schaute sich um, ob sie vielleicht einen Einheimischen entdecken könnte. Aber niemand in Sicht.

Dann hörte sie ein leises Klickern, das immer lauter und zur beständigen Geräuschkulisse der nächsten Stunden wurde. Aber Bella konnte nicht herausfinden, was dieses Geräusch bedeutete.

Ihr war wieder ganz klein zumute und sie begann, ihre Schritte zu zählen: eins-zwei-drei und wieder von vorn, einen Fuß vor den anderen, die Daumen unter die Rucksackriemen oder die Hände unten drunter gestemmt, damit der Schwere nicht immer gegen ihr Kreuz schlug.

Weiter und weiter die Schlucht entlang. Von den Abhängen rutschte Sand und Geröll, manchmal kollerte etwas vor ihre Füße – ein verbeulter Topfdeckel, eine rostscheckige Autoradkappe. Dann plumpste unversehens Unförmig-Glitschiges knapp an ihr vorbei und einmal polterte ein großer verfilzter Packen grad hinter ihr zu Boden. Vor Schreck wäre sie beinahe gestolpert. Nun begann sie, ständig ängstlich hin und her zu spähen und über ihre Schulter zu lugen. Am liebsten wäre sie losgelaufen, aber die Beine waren schon so müde, wollten nicht mehr recht voran.

Wir kamen wieder von der südlichen Richtung ab, aber die Hänge hochzukraxeln und einen neuen Weg zu suchen, war unmöglich. Wenn wir zu den Sandbergen kämen, könnten wir ja wieder gen Süden. Da würden wir schon am Fuß dieses Höhenzugs entlang finden, tröstete ich mich. Aber Bella sagte ich nichts von meiner Beobachtung. Das würde sie jetzt nur entmutigen.

Bella bog gerade wieder um eine vorgestülpte Aufschüttung, als der Pfad in eine riesige Röhre aus Wellblech mündete. Sie schien sehr lang zu sein, aber doch recht stabil, zu beiden Seiten in Sand eingebettet. Der Wind heulte mit lautem "huschuu-huschuu" in das dunkle Röhrenmaul, und Bella schaute zaghaft umher, ob sie nicht außen an der Röhre entlangklettern könnte. Aber nichts zu machen! Sie musste hindurch – alles andere war noch gefährlicher.

Bella verschnaufte lieber erstmal, bevor sie sich hineinwagte. Lange saß sie da, und ihr Magen krampfte sich zu einem schmerzenden Angstknoten zusammen.

Mir fiel nichts Besseres ein, als Bella ein Traumlied vorzusingen. Aber das machte Bella nur wütend. "Kannst du nicht mal mit deinem blöden Singsang aufhören", kreischte sie. Zum Glück hockte ich in ihrem Schatten. Wer weiß, vielleicht hätte sie sonst mit den Fäusten nach mir geschlagen. Also muckste ich mich eine Weile gar nicht mehr.

Dann machte ich Bella den Vorschlag, ihre Taschenlampe herauszuholen.

"Endlich mal was Vernünftiges", brummelte Bella und friemelte den Rucksack auf. Sie pendelte lange mit der Taschenlampe hin und her, pumpte sich dann die Lungen voll und tat einen Schritt hinein. Die Gummistiefel gaben ein mattes Tappen ab. Der Boden schien trocken zu sein. Bella konnte aufrecht gehen. Behutsam schob sie sich einige Schritte vorwärts. Der blaßgelbe Strahl der Taschenlampe beleuchtete die querlaufenden Rillen im Blech und zeichnete ein verworfenes Schattenmuster.

"Bella im Walfischbauch", versuchte sie einen kläglichen Witz, aber als sie dann das hohle Echo ihrer Stimme hörte, zog sie verschreckt den Atem ein und trippelte in das schummrige Rund.

Weiter und weiter in diesem fauchenden Tunnel, der Strahl der Taschenlampe nur eine kümmerliche Leitlinie. Plötzlich waren die Wände nicht mehr leer! Wie Dias leuchteten Bilder auf, die durch die gerippten Wände verwellt und verzerrt waren.

Bella wollte zuerst gar nicht hinschauen, schielte aber doch zur Seite und rief verwundert: "Aber das sind ja ...!" – "Aaaahhaahaa" schnarchte das Echo. Bellas Neugierde war geweckt und sie blieb stehen.

Da: ein Foto ihrer Mutter, so groß wie Bella – statt der Mattglanzfläche längliche Verschattungen, die wie ein Raster über dem Gesicht der Mutter lagen. Es war so, als schaue sie hinter Gitterstäben hervor. Starke, schwarze Augenbrauen, dunkler Brillenblick. "Wehmütig?", fiel Bella dazu ein. Der Mund, zartes Weich, ein Lächeln um die Mundwinkel. Das Kleid war bis zum Brustansatz zu sehen, mit einer paillettengestickten großen Blume, deren Blütenblätter sich zum Kreis drehten. Porträtaufnahme aus ihrer Jugendzeit. Sie schaute nach links weg, in eine Ferne, die nur sie selber kannte.

Ein paar Schritte nach vorn: wieder die Mutter als junge Frau, auf dem Bürgersteig irgendeiner Stadt, im Hintergrund ein großer Häuserblock, zwei Männer überquerten die Straße, hinter ihr ein alter Mann mit Schnurrbart, dessen Schiebermütze bis zu den großen abstehenden Ohren hinuntergezogen war. Ein weißer Rock mit großwucherndem Blumenmuster, hochgeschlossener Pullover, aber die Ärmel hochgekrempelt. In der rechten Hand eine dickbauchige Tasche, unter dem linken Arm ein dunkler Mantel. Ein Bein zum Schritt vorgeschoben. So schlank war sie mal, die Illo! Sie lächelte, aber fast wider Willen und ihre dunkel getönte Brille mit dem feinen Gestell war ein wenig von der Nasenwurzel gerutscht, wie auf dem ersten Porträt.

Bella schaute lange auf ihre Bildmutter, die sich in welligen Ziehharmonikafalten vor ihr aufbaute.

Ein paar Schritte weiter fand Bella ihre Mutter und Tante Lilia. Die eine wieder in Arbeitsdienstuniform, derben Schuhen und heruntergerollten Söckchen. Die Tante in einem Kostüm mit weitem Rock. Lilia lächelte verkniffen. Die Mutter schaute trotzig drein, jedenfalls um den Mund, die Augen konnte man hinter der Brille kaum sehen. Lilia mit einer Schmetterlingsbrille. Beide standen auf einem mit Blumen getupften Rasen, vor einem großen breitkronigen Baum.

Bella meinte zu mir: "Das muss in den Anfängen von Thelir gewesen sein, als sie in einem Dorf nahe *Sempor* in einer kleinen Kolonie von Brillenmachern wohnten. *Sempor: die Stadt der Hütler* (was uns die Brille ist, sind denen die Hüte). Mutter erzählte nicht viel von dieser Zeit. Immer wieder nur Anekdoten: wie sie Kühe hüten musste und dabei Bücher las und von allen im Dorf als die "Professorsche" verlacht wurde. Oder wie schön die Landschaft war, wie sie immer gesungen hätten und "unter Jungens und Mädels, da gab's nichts Unsauberes".

Wie sich die Schwestern vertragen haben, wie meine Mutter zu Oma und Opa stand – darüber hat sie nie gesprochen. Nur, wenn ich mal aufmüpfte, wies sie mich zurecht: "*Das hätte ich mir meiner Mutter gegenüber niemals erlaubt. Gehorchen muss man seinen Eltern, ganz egal, was sie tun!*"

"Ja, ja – und immer durch die gleichen Brillen schauen," wurden Bellas Worte vom Echo verzerrt.

"Mutter ist da zur Welt gekommen und in Sempor zur Schule gegangen", erinnerte sich Bella. "Sie lebten in einer kleinen Kolonie von Brillenmachern, mitten unter Hütlern, sprachen zuhaus brillsch, aber sonst wie alle anderen semprisch. Als ich klein war, sprach Oma immer semprisch, wenn ich etwas nicht mitbekommen sollte", erinnerte sich Bella schmunzelnd, "aber meist habe ich doch verstanden, worum es ging und plauderte es dann aus, was allen sehr peinlich war."

Aber die Brillenmacher fühlten sich wohl doch verloren zwischen den Hütlern, und als Thelir dann Sempor eroberte und es brillisch wurde, war meine Mutter begeistert; für sie war das nichts weiter als "heim zu den Brillenmachern" – von allem anderen habe sie nichts gewusst!

Als Thelir den Krieg verlor, flüchteten die meisten Brillenmacher vor den Hütlern zu uns in die Stadt, weil sie die Rache der Hütler und aller anderen Tagländer, die Thelir geschunden hatte, fürchteten. Eine lange und schlimme Flucht war das, im Winter durch Eis und Schnee, über gefrorene Seen, verschlammte Wege, mit den letzten Zügen, die hinausfuhren. Hunger und Kälte. Familien wurden auseinandergesprengt, manche verloren sich ganz und gar aus den Augen und viele versuchten, sich noch lange nach dem Krieg über den Radiosuchdienst wiederzufinden. Viele starben vor Erschöpfung. Aber die Familie meiner Mutter, auch viele Tanten, Neffen und Nichten, trafen sich in der Stadt der Brillenmacher wieder. Der Großteil blieb auch dort. Ab und an finden heute noch Familientreffen statt und es kommen 50 bis 60 Leute zusammen.

Oma war Halbwaise, wie sie immer sagte, musste schwer auf dem Bauernhof ihres Bruders arbeiten – deswegen sei sie auch so klein geblieben, meinte sie. Dann heiratete sie Opa, der Dorfschullehrer war und Oma bewirtschaftete bald ihren eigenen Hof."

Bella machte aus Erschöpfung eine Pause und fragte schließlich: "Kannst du dir die Familiengeschichte ein bisschen vorstellen, Ira?"

"Na", meinte ich, "da muss ich schon was dazuträumen, bei deinen dürftigen Anhaltspunkten."

"Ach, Ira, da könntest du mich doch mitträumen lassen! Vielleicht erfahre ich dann mehr! Es macht mich ganz hibbelig, weil ich ein Gefühl habe, als käme ich aus dem Dunklen, von Menschen, die hinter Schleiern wohnen, Kinder und Jugendliche in Irgendwo waren, das für mich mehr Nirgendwo ist. Als wäre ich aus dem Nest gefallen", klagte Bella und ich sagte ihr: "Deine Geschichte wirst du hier auf der Müllkippe schon wiederfinden, aber ihre Geschichte ist es nicht. Das ist wieder eine andere: die musst du woanders suchen."

Bella fand meine Antwort besserwisserisch und nörgelte: "Du gehörst also auch zu denen, die einem nichts erzählen wollen!" Aber da wurde ich nun auch fünsch und bemerkte nur, dass ich eben Bellas Träumerin sei, nicht die ihrer Mutter oder Oma oder von sonstwem. Dazu fiel Bella nichts mehr ein, aber sie wünschte mich wohl allwissend. Das sind wir Traumländer aber nun mal nicht!

"Ah", ließ sich Bella wieder hören: "ein Gruppenbild – Lea, Illo und Arne auf dem Bahnhof von Harra, einem Vorort der Stadt der Brillenmacher. Winter muss es sein, alle drei haben dicke Pelzmäntel an, stehen untergehakt und blinzeln gegen die Sonne hinter ihren altmodischen Brillen. Da sind sie wohl noch unverheiratet."

Bella ging weiter und betrachtete ein anderes Bild, das aus dem Dunkel hervorschimmerte.

"Nanu", wunderte sie sich, "hier sind die vier Schwestern, aber alle viel älter. Das ist nicht länger als acht Jahre her. Lea, Lilia und meine Mutter in Pepitakostümen, Arne im billigeren großkarierten Kleid. Sie stehen mit der rechten Schulter vorgebeugt, so, als balancierten sie auf einem Bein, die Münder zum "*nun lächelt mal*" breit gezogen und sie haben sich schon Wohlstandsspeck angegessen. Das muss in der Wohnung bei Oma sein, in Harra. Nicht nur die gleichen Dauerwellen machen sie einander ähnlich. Es ist, als hätte das Leben sie aufgebläht und zu einer Pose zusammengebacken.

Und da sitzt Oma auf dem grünen Schaukelstuhl in unserer Wohnung, die Hände mit den dicken Adersträngen auf dem Schoss gefaltet, ein Zipfel ihres zerknüllten Taschentuchs schaute noch hervor. Ja, das hatte sie immer dabei, auch wenn es keine Schniefnasen mehr zu putzen gab. Sie steckte es in ihren Ärmel und manchmal verlor sie es und meine Mutter hob's dann mit spitzen Fingern auf und rief ärgerlich: "Mammaaaaa! Dein Taschentuch!" Sehr gerade sitzt sie, die Augen hinter der Brille weit offen, der Mund breit, zufrieden, drumherum gefältelt. Wann war das denn? Kann doch auch nur ein paar Jahre her sein!"

"Hier geht aber auch alles durcheinander!" murmelte Bella und schlurfte davon. "Fotos! Fotos!" rief sie dann griesgrämig. "ohooo-ssss" rollte höhnisch die Antwort an den Wänden entlang. Sand rieselte bei jedem Schritt, und ein lautes Knacken ließ Bella zusammenfahren. Sie leuchtete hektisch mit ihrem funzeligen Licht hierhin und dorthin, konnte im Dämmer aber nichts erkennen.

Erneut glimmerte es auf, wie ein Lichtertorbogen. Bella ging missmutig darauf zu, blieb stehen und schaute mal nach rechts, mal nach links.

"Sehr alte Aufnahmen sind das", stellte Bella fest. "Oma und Opa als junges Paar, mit den drei Mädchen Lilia, Lea und meiner Mutter – die wird wohl erst so drei Jahre alt gewesen sein. Schau Ira, sie hat auch so weißes Haar, fein und eng anliegend – wie ich als Baby! Oma hält sie auf dem Schoss, eine Hand um ihren Schenkel, eine über ihre kleinen Hände, damit sie nicht herumwackeln kann. Sie sitzt auch schön brav da, schaut aber nicht zum Fotografen, sondern auf die Hände auf Opas Knien: die kleine Hand von Lea, die locker auf der Anzughose ruht, als hätte sie sie dort abgelegt, auf Opas große helle Hände, eine rechts, eine links, im Arm die kleine Lilia – ihre Hände halten sich am Rand ihrer zugeknöpften Jacke fest. Opa umfasst seine Mädchen nicht, sitzt streng und feierlich da, seine runde Hornbrille wie Eulenblick. Omas Gesicht wirkt noch voller durch die Brille und das straff zurückgekämmte Haar. Wieder ihr Lächeln in den Mundwinkeln. Aber alle anderen blicken ernst drein. Lea, die Älteste, steht zwischen ihren Eltern, die auf Stühlen vor einem geschlossenen Scheunentor sitzen, die kleine Nickelbrille ein wenig schief auf der Nase. Lilia saugt ihre Lippen ein und versucht, über den Brillenrand zu schielen. Mutter ist die Einzige, deren Augen ich sehen kann, die Einzige, die hell gekleidet ist. Aber ihre Augen schauen nicht froh. – Ach, immer schwarz-weiß!" meckerte Bella wieder und drehte sich zur anderen Seite.

"Zweite Pose vor dem Scheunentor", verkündete Bella, "Lea, meine Mutter und Lilia. Die beiden Älteren haben die gleiche Frisur, die gleiche Brille, die gleiche Schleife im Haar und die gleichen Kittel über ihren Kostümen vom Familienfoto. Lea hat Mutters Hand umfasst und Mutter Lilias. "Wenn ich ihren "*tut-mir-*

nichts" Blick sehe, wird mir ganz mutlos", klagte Bella. "Alles wie erstarrt, strenge", murmelte Bella und tappte lustlos weiter, schwenkte ihre Taschenlampe und fing wieder an, ihre Schritte zu zählen.

"Wann komme ich endlich raus hier?" schrie Bella auf und das meckernde "iihr-iihr-iihr" war nicht grad ein Trost für sie.

Bella versuchte, ihre Tränen runterzuschlucken und schob sich Schritt für Schritt voran.

Da vorn: Helligkeit – der Ausgang?

Nein – wieder zwei gerillte Rechtecke.

"Mein Vater." sagte Bella ungeduldig, hielt aber doch inne und spähte ihrem Vater ins Gesicht. "Da muss er wohl Soldat gewesen sein, mit 17, 18. Uniform und das Abzeichen der "Goldenen Brille". Wofür er das wohl bekommen hat? – Paradefoto! – Mund und Nase habe ich von ihm, das breite Gesicht auch", überzeugte sich Bella, um ihr Gefühl loszuwerden, "der da" sei ein ganz anderer, nicht nur weit weg in der Zeit, sondern sogar abgetrennt, wie in einer anderen Welt.

"Aha, hier ist Pappi in Harra, in Omas Schrebergärtchen", hörte ich Bella wieder. "Im Sonntagsanzug, den dicken Haarschopf nicht mehr nass zurückgekämmt wie da (und Bella tippte auf ihren Uniformvater). Zwischen Daumen und Zeigefinger hält er eine Blume, die er sich grad ins Knopfloch stecken will. Er grient unternehmungslustig. Wie schade, dass ich seine Augen nicht sehen kann! Immer diese Brillen!" stänkerte Bella.

Sie ging weiter und sah ihre Mutter, im Strandkorb, eine Zigarette in der Hand, kokettes Lächeln. Ein Männerjackett mit einer Pfeife, die aus einer kleinen Tasche lugte, hing hinter ihr. "Das war der Urlaub am Nordmeer, vor … vor 10 Jahren. Alles quer durch's Beet!" schimpfte Bella wieder.

"Aber Bella", stichelte ich, "ich dachte "Ordnung ist das halbe Leben" wäre nicht dein Fall!"

Bella verschluckte sich und tat dann so, als hätte sie mich nicht gehört. Sie stapfte weiter, leuchtete die Wände ab, fand aber nichts mehr. Sie begann, sich wieder vor dem Sausen und Huschen des Windes zu fürchten, machte größere, eiligere Schritte. Doch dann traf das Licht wieder auf ein Foto, das wie eine große Leinwand war. Bella konnte nie das ganze Bild sehen, so sehr sie sich auch abmühte.

Hochzeit ihrer Eltern: Das Paar zwischen den beiden Vätern, links der Opa mit seiner dick gerahmten runden Brille, ausgemergelt und staksig, fast düster, rechts breit und behäbig der Opi – Vatis Vater – mit einem bauernschlauen Grinsen und einer imposanten Hornbrille.

"Welche Brillengläser hat Opi denn?" fragte ich Bella. "Rote müssten es sein! Und mein Vater natürlich auch – das heißt, natürlich ist das ja nicht. An Opi erinnere ich mich kaum noch. Opi und Omi sind ausgewandert, als ich vier Jahre alt war, ins Halbtagland. Ich habe nur noch seine laute Brummstimme im Ohr. Er musste immer alle übertönen und manchmal polterte er los, und ich bekam es mit der Angst zu tun.

Wie schlank die beiden noch sind! Heute haben sie das Doppelte drauf! Mutter mit dem großen Blumenstrauß, von Vati untergehakt. Er lächelt so richtig froh, sie eher halbherzig.

Schau, da sind die beiden allein. Vater hält das Familienstammbuch, schaut stolz lachend zu Mutter hin, während sie halb neckend, halb skeptisch zu ihm hoch lächelt, als wolle sie sagen: "Glaubst du wirklich?"

"Aber was weiß ich schon!" wütete Bella los. "Ich kenne ihre Geschichte nicht. Ich kenne ihre Gedanken nicht, und ich kenne mich in ihren Gefühlen nicht aus! Vater und Mutter: Gesichter, Posen, Brillen, Nasen, Münder. Wie aus dem Nebel aufgetaucht! Sie sind anwesend und doch nicht nah! *"Darüber spricht man nicht!*" – "*Frag' nicht so viel!*" Ab mit dir – weg – weg! – "*Wie schön war doch unsere Jugend*" sagt der Mund, aber dazu lächelt sie nicht. Was ist wahr: das Gesagte oder das Ungesagte?" schrie Bella und wie auf einer Achterbahn sausten Bilder durch ihren Kopf: Ihr Vater, der "*Du bist doch Papas Beste*" sagte und sie so fest an sich drückte, dass sie keine Luft mehr bekam und der sie auch nicht loslassen wollte, als sie sich zappelnd und panisch wehrte. Ihre Mutter breitete die Arme aus, "*Komm' zu Mutti*" rufend, und Bella lief voller Vorfreude los, wurde kurz auf den Arm genommen, eilig wieder abgesetzt und mit einem "*Ich komme gleich wieder*" stehen gelassen. Ihr Vater versprach: "*Heute Nachmittag kaufen wir Schuhe*", Bella wartete und wartete und die Mutter schimpfte noch: "*Sitz' nicht so herum, beschäftige dich!*" Aber Vati kam nicht. – Ihrer Mutter wurde gesagt: "*Sie haben aber ein liebes Mädelchen*" und Mutter lachte "*Ja, ja*" und trat einen Schritt von Bella weg. Ihr Vater – ihre Mutter – ihr Vater – ihre Mutter – Begebenheiten, zu Momentaufnahmen erstarrt, rüttelten Bella durch und sie fühlte sich wirr und verloren.

"Halt, halt, Bella, komm' zurück!" schrie nun auch ich. "Bella! Bella!"

Dumpf und leer fand ich mich neben Bella wieder, die jämmerlich weinend vorwärts stolperte, tränenblind und von Aufschluchzern geschüttelt.

"Bella, nun setzt' dich mal!" flüsterte ich ihr zu, und sie ließ gehorsam den Rucksack auf den Boden plumpsen und kontrollierte automatisch mit der Taschenlampe die Umgebung.

Ich zog schnell den Schlafsack heraus und drapierte ihn gegen die Röhrenwand. Bella hockte sich zaghaft hin, streckte aber bald die Beine aus, nahm das Taschentuch an und schnäuzte sich einige Male, bis sie sich beruhigt hatte.

Ich kramte eine Kerze heraus, stellte sie in den Windschatten und zündete sie an. Ein wenig flackerte sie doch, türmte Schwärzliches auf oder zog es flach über den Boden. Aber Bella starrte nur in die Flamme, nickte ein, schrak aber kurz darauf wieder hoch und langte nach ihren Zigaretten.

Nachdem sie den Stummel noch und noch einmal ausgedrückt hatte, seufzte Bella auf und fasste an ihr Brustbein: "so ein Druck hier, wie ein kaltes, hartes Geldstück", sagte sie kläglich.

"Dann musst du so lange seufzen, bis dir leichter ist", riet ich ihr.

Bella atmete stockend, bis sie sich mit einem langen "aah" erleichtert hoch rappelte und alles wieder verstaute.

"Ich muss raus hier, Ira!" sagte sie hektisch und stürmte auch schon los, im schwankenden Taschenlampenlicht.

"Volle Kraft voraus!" versuchte ich einen Scherz, aber Bella antwortete nicht, fing plötzlich an zu laufen, laut "ich will raus hier – raus!" schreiend.

"Aussss – aussss" zischte das Echo, "Huihuu-huihuu" rauschte der Wind und der Hall von Bellas Schritten ratterte rumpelnd hinter ihr her.

Endlich! Endlich! Ein kleiner Lichtpunkt, der rasch größer wurde! Fahles Grau knickte herein – ein großer Sprung, Bellas Rucksack schlug hart an ihren Rücken, und draußen war sie!

Bella rannte immer noch, die Taschenlampe fest umklammert, wich einem großen Haufen ineinander verknäulter Eisenbänder und Sprungfedern aus, bis sie hinter einer Abbiegung keuchend stehenblieb.

Neben einem mickerigen Busch, in dem Papierfetzen hängengeblieben waren, warf Bella ihren Rucksack ab. Sie schaute sich um, und ich beruhigte sie gleich: "Gar nicht so übel hier! Trockener Sandboden, keine widerlichen Haufen und kein Schleimzeug!

Bella nickte nur, maß die Breite zwischen den Abfallbergen ab: immerhin dreißig Schritte und über Nacht würde der Kram da wohl nicht zusammenstürzen.

Das Abendrot färbte eine langgezogene Wolkenbank rosa und der Wind raschelte nur leis' im Buschwerk und mit in Grasbüscheln Verfangenem.

Bella hatte sich auf ihrem Schlafsack niedergelassen, an den Rucksack gelehnt, schnaufte immer noch und ließ erschöpft ihre Schultern hängen.

"Ich mach' mal was zu Essen", schlug ich vor. Bella lächelte schief und sagte zittrig: "Wenn ich dich nicht hätte, Ira …"

"Aber du hast mich doch!" wiegelte ich ab und machte mich gleich an die Arbeit.

Als sich Bella in ihrem Schlafsack eingekuschelt hatte und zu den Sternen hoch schaute, die in der nachtblauen Weite pulsten und glitzerten, sagte Bella: "Ira, da haben sie nun geheiratet, sind aber nur vier Jahre zusammengeblieben, und ich habe immer gedacht, ich sei schuld, dass mein Vater wegging. Dabei hat sich meine Mutter scheiden lassen. Warum? – Warum? – Wo ist mein Platz in ihrer Geschichte?"

"Bella, vielleicht willst du alles über sie herausfinden, damit du deine Schuld loswirst. Vielleicht kannst du nur Splitter aufsammeln, weil dein Platz nicht in ihrer Geschichte ist, weil du unschuldig bist an ihren Niederlagen! Weil du **deine eigene** Geschichte lebst!"

"Ach Ira, ich will **ES** aber wissen! Ich kann das Verschweigen und die verborgenen Augen, den Brillenblick nicht mehr ertragen", flüsterte Bella matt.

"Schu-schuu, Liebe. Ruh' dich aus und wir wollen uns wieder an einem Flugtraum erfrischen", beruhigte ich sie und zog ihren Schlafsack zu.

9

Bella war eingeschlafen, und wir wanderten gemeinsam durch ein riesiges Haus. Wir kamen in einen großen Raum, der sich dann wie ein Saal ausdehnte und in blendendem Flirren ins Unkenntliche verlor.

Bella trat zu einem Bett, auf dem ein Baby lag, energisch mit Armen und Beinen strampelte und vor Wohlbehagen krähte, als ein Mann es am Kinn kraulte.

"Vater und ich", dachte Bella, beugte sich hinunter und mäkelte: "Sieh' nur, der große Böllerkopf, die dünnen, fast farblosen Haare …".

"Magst du dich als Baby denn gar nicht leiden?" wunderte ich mich. Aber Bella blieb missbilligend, wie ein zugeschnürten Sack.

"Bella, ich erinnere mich noch genau an deine ersten Träume, komm' nur mit!" lockte ich sie heraus.

Und wir schauten aus Bellas Baby-Augen: Es gab keine Worte, die durchs Hirn stromerten, keine bissigen Urteilstimmen, aber ein Licht- und Schattenspiel, eine große Gestalt, die gelb strahlte, warmer Hauch über dem Gesicht, eine warme Hand, die Wellen auslöste und die Haut wonnig machte und "wusch", wenn das Beinchen in die Weite kickte.

Bella fühlte und fühlte: Farben, Formen, Gerüche und Empfindungen, als rolle sie um und um in einem freundlichen Wasser. "Wie schön!" rief Bella und schon verschwand alles. Wir fanden uns auf einer langen Treppe wieder. Bella kroch auf allen Vieren hoch und rubbelte mit den Handflächen über den roten Sisalteppich, rüttelte an den Messinghaltestangen und rutschte dann hin und her, wie sie es oft bei ihrer Oma getan hatte, bis von oben mahnend ein "Na, wirst du wohl …" sie aufschreckte.

"Komm schon, Bella", zog ich sie fort und schon standen wir in einem langen Korridor, mit miesgrünen Türen, die mich an das Treppenhaus ihrer ersten Wohnung erinnerten.

Wir schwebten durch eine Tür, auf der in verschnörkelten Buchstaben "*W. Ziegenleder, Photograph*" stand. Vor einem gefältelten Vorhang stand Bellas Mutter, ihr Kind zum Fotoapparat gedreht. Die kleine Bella saß halb auf Mutters Arm, halb lehnte sie gegen Mutters Busen und wedelte mit den Händen. Die Mutter mühte sich zu einem Lächeln. Bella fühlte wieder, doch diesmal war es anders: spitze Ströme kamen vom Körper ihrer Mutter, nichts hielt sie, obwohl Mutters Griff hart war, die kleine Bella kippelte und schwankte. Es war wie Pieken, Zerren und Wegdrängen. Kein warmes Anlehnen.

Schnell zog ich Bella wieder weg. Mit einem Windzug landeten wir in einem anderen Zimmer.

Die kleine Bella lag in einem großen Ehebett, mollig eingekuschelt in ein weiches Federbett, ein Lichtstrahl knickte zur Tür herein, und Stimmengewirr, Lachen und Gläserklirren fluteten über sie hinweg. Ah ja, das war die Hochzeit von Arne. Bella war gerade zwei Jahre alt geworden.

Die Kleine wurde unruhig, denn von nebenan schwoll das Auf und Ab zu einem Tumult an. Bellas Vater übertönte mit wütendendem Stakkato das Getöse und plötzlich: ein Krachen und Splittern. Die Tür wurde aufgerissen, frostige Helligkeit fiel auf Bellas Gesicht. Ihr Vater torkelte auf sie zu, wickelte sie wie ein Paket in eine Decke und hob sie heraus. Kreischende, protestierende, ängstliche Stimmkaskaden, aber Vater stapfte schimpfend und drohend davon.

Bella hatte ihren Kopf an Vaters breiter Brust versteckt und hörte es brummen und grollen, wurde im Rhythmus der Schritte hin- und hergeschüttelt, Nachtluft kühlte ihr Gesicht. Es sauste und ziepte in ihr. "Muddiiii?" fragte sie bange. Aber Vater stürmte weiter, redete auf sie ein, lachte dazwischen, schwankte manchmal oder hielt inne, schnaufte und schob sie wieder ein Stückchen höher.

Lange, lange, dumm-dumm-dumm-bruu-tsch-tsch, bis wieder eine Tür aufgestoßen wurde: Singsang von Frauenstimmen, Milchtrinken, in ein Auto gehoben werden, wegsacken, in ihrem Gitterbettchen zuhaus wieder aufwachen vom Bummern und Gezeter – mal dumpf, mal hochgeschraubt – Vati und Mutti.

Alles verwirbelte, flackerte grau und schwarz, eisekalt in einem leeren Raum, dessen Wände erst am Horizont sichtbar waren.

"Schnell weg hier!" rief ich Bella zu und suchte in Traumländereile nach einem Besuch von mir bei der kleinen Bella. Ha! Da hatte ich schon einen!

Wir waren wieder im Haus der Oma in Harra auf der überdachten, in Ziegelsteinen gemauerten Veranda. Bella schaute aus dem scheibenlosen Fenster, noch in Mäntelchen und Mützchen.

Die Sonne schien, fingerte durch die ersten fast durchsichtigen Blättchen einer Birke und ließ sie hellgrün aufleuchten. Tau glitzerte und funkelte. Hühner pickten mit geschäftigem "gaaa-gaaa". Ein Duft wehte herein. "Jetzt fliege ich, fliege ich" jauchzte Bella und hüpfte die Treppen runter, beugte sich zu den Kätzchen auf der untersten Stufe und wuschelte über ihr Fell. "Weich, weich, weich" sang sie, lief mit ausgebreiteten Armen über den Rasen, drehte sich, tanzte, lugte hinter dem Rosenstrauch nach der Rosenfee, pirschte sich an die Hennen an, blieb stehen und unterhielt sich mit ihnen.

"Wie glücklich ich doch war, und ich wusste nichts davon!" brach Bella den Zauber.

Tja, wenn man Worte macht, wo Worte nur …", wollte schon die Traumländerin in mir Bella belehren, aber "hasch" hatte ich auch diese Worte eingefangen. Das musste Bella alleine herausfinden!

Nanu, ich hatte wohl nicht aufgepasst! Da waren wir wieder in einem Zimmer: in der Wohnung am Brillenkamp, wo Bella mit ihrer Mutter nach der Scheidung hingezogen war. Das Kinderzimmer: Bella lag eingerollt in ihrem Federbett, nur das verwuschelte Haar konnte ich sehen. Die Oma hatte jede Feder für dieses Bett gesammelt, dabei gesungen und oft vor sich hin gesummt: "die weichsten Daunen für meine Bella". – Bella träumte von ihrem Vater, der mit breit lächelndem Gesicht zu ihr kam, sie Huckepack nahm und dann in den Hafen trug. Sie kuschelte sich auf der schwankenden Barkasse eng an ihn. Dann fuhren sie in einem Riesenrad. Bald darauf knabberte sie an einem lackroten Apfel, und Vati lachte laut, zog einen Taschenspiegel heraus und zeigte Bella ihr verschmiertes Gesicht. Bella lachte selbstvergessen mit. Auf Pappis Knien – "Hoppe, Hoppe, Reiter …" und die atemlose Vorfreude auf: "macht der Reiter plumps…" — "Bella! Aufsteeehn!"

Bella räkelte sich und lächelte ihre Mutter an. "Na, du hast wohl einen schönen Traum gehabt?" "Ja, Mutti! Von kleinen Männchen, die Purzelbäume schlagen und alle Brillen fallen runter", antwortete Bella.

"Du hockst ja neben mir und legst den Zeigefinger über den Mund, Ira!" dachte Bella zu mir hin.

"Ja, ja, Bella", schmunzelte ich, "wir waren oft beisammen, damals, nicht nur auf Traumpfaden. Ich …"

Aber Bella war schon wieder verschwunden, und ich beeilte mich, sie nicht aus dem Traum zu verlieren. Wie ein Schattenriss verharrte sie vor ihrem kleinen Mädchen, das dick eingemummelt unter einem Forsythienstrauch mit breit verästelten Zweigen stand. Dahinter sah man die graue Hauswand, von der Placken Putz abgeplatzt waren. Das war der Innenhof des Häuserblockgeviers am Brillenkamp. Aber die kleine Bella sah nicht die Schäbigkeit, die verdreckte Sandkiste, den zernarbten Rasen, die schlaglöchrigen Wege dazwischen, die gedrungenen Fensterfronten und scheckigen Hoftüren. Sie strich mit vorsichtigen Bewegungen über die gefrorenen Zweige, an denen mal kleine spitze, mal große wulstige Eiszapfen hingen und schaute mit leuchtenden Augen auf die Regenbogenpunkte, die im Sonnenlicht gleißten und im Wind sachte auf und ab glitten. "Ira", hörten wir die kleine Bella sagen, "das ist mein Eispalast, und ich bin die Prinzessin. Komm' mit! Jetzt besuchen wir den Prinzen und trinken mit ihm eine Tasse Kakao!" Vor uns eine weiße Prunktreppe, auf deren Geländer Raureif matt perlig lag, über samtene weiße Teppiche in ein großes Zimmer, wo alle Möbel blinkten wie in einer Edelsteintruhe. Der Prinz hatte sich schon gelangweilt und sprang mit einem "Da seid ihr ja endlich!" auf. Als uns das ärgerliche "Bella! Bella! Wie oft soll ich dich noch rufen!!" aufstörte, winkten wir dem Prinzen noch schnell zu und versprachen, bald wiederzukommen.

Mir war zum Davonschweben zumute, und ich freute mich schon auf ein Gleiten und Kreisen übers Traumland. Aber da hatte ich Bellas Dunkelfratzen vergessen. Sie hoppelten und hopsten um Bella herum, stupsten und bedrängten sie. Wir waren wieder in der Röhre, die einem riesigen Schacht ähnelte. Wie in der Geisterbahn sausten wir hinab, und die Fotos wurden zu bleich phosphorizierenden Stummfilmszenen, aus denen sich hier eine Gestalt, dort ein Schatten löste und Bellas Verfolgung aufnahm.

Einen hellen Traumvogel nach dem anderen schickte ich zu Bella, aber konnte nur einen Szenenwechsel erreichen, der gar nicht in meinem Sinne war: ein Treppenabsatz und Stufen führten hinter einem kahlen, eisernen Treppengeländer in die Tiefe. Eine Glühbirne schwankte hoch oben, pendelte kompakte Schatten aus, als solle jegliches Licht verbannt werden. Eine massige Männergestalt kam langsam und bedrohlich die Treppe herauf. Bella stand erstarrt oben, hinter ihr wurde eine Tür geöffnet, die Riesin kam heraus und langte mit messerspitzen roten Fingernägeln nach Bellas Arm. Gleichzeitig sprang ein getigertes Katzenvieh auf Bellas linke Schulter, hangelte erst spielerisch, dann fauchend mit ihren Krallen nach Bellas Augen. "Das hast du nun davon, wenn du deine Brille absetzt!" höhnte die Riesin, und Bella fasste sich schockiert an ihre rechte Wange, aus der eine Spirale wuchs und die Haut wegrollte. Ihr Gesicht begann, sich in einen Puppenkopf zu verwandeln.

"Wach auf! Wach auf! Bella! Wach auf!" schrie ich, sah Bella aber mit einem dumpfen "huuuuhuuu" unter Wasser gleiten. Dann war es wieder Erde, und sie kämpfte sich hoch, stemmte und schaufelte gegen die lähmende Schwere über sich. "Ich muss aufwachen, sonst werde ich noch verrückt, verrückt, bleibe für immer und ewig hier – aufwachen, aufwachen – nur ein Traum – nur ein Traum!" keuchte sie gurgelnd und endlich konnte sie ihre verklebten Augenlider aufreißen. Ungeschickt pellte sie sich aus dem Schlafsack und zog sich schlotternd hoch..

Schnell schaffte ich die Kerze herbei und zündete sie an. Jetzt war die Nacht windstill. Alle Geräusche gedämpft, wie hinter Glas. Ich kochte Bella einen Tee und musste ihr eine Weile zureden, bevor sie trank. Dann saßen wir schweigend, wie auf einer einsamen Insel.

"Bella, Albträume sind Seelenmüll. Sie sind nun mal da, bei euch Tagländern. Du musst sie umwandeln. Und das gelingt dir, wenn dir deine Vergangenheit kein …"

"Geh' mir los mit deinen Kommentaren, Ira. Verdammte Besserwisserin! Dein Traumland ist die reinste Gruselbude!"

"Na hör mal!" empörte ich mich. "Du warst nicht im Traumland. Du hast dich in deinen Ängsten verfangen! Das Traumland ist, was ihr so karg **"Hoffnung, Staunen, Wundern, Glück"** nennt, und ihr könnt es auch bei Tag besuchen, wenn ihr den Weg dorthin findet – nicht nur bei Nacht." fügte ich streng hinzu.

Gleich darauf bereute ich meine Worte, denn Bella schluchzte auf, schmiss sich auf ihren Schlafsack und krümmte sich zusammen.

Jetzt war nicht die Zeit zum Verstehen! Hier war nur ein ganz kleines Mädchen, das seine Mutter suchte. Ich deckte Bella zu und sang ihr all die Wiegenlieder vor, die sie aus früheren Jahre kannte – leis' und zärtlich, wie ich es von unseren guten Traummüttern gelernt hatte.

Nach und nach wurde Bella ruhiger und glitt mit mir auf watteweichen Wolken ins Traumkinderland.

Die Sonne heizte schon den Sand auf, als Bella erwachte. Die pulsende Helle blendete sie, und sie wollte sich wieder in den Schlaf und ins Vergessen verkriechen, aber ihr wurde zu heiß und so schälte sie sich erschöpft aus ihrem Schlafsack.

"Ira, Iraaaa?"

"Schon zur Stelle!" meldete ich mich aus ihrem Schatten.

"Am liebsten möchte ich hier liegenbleiben und nie wieder aufstehen", seufzte Bella.

"Es war ja auch eine schlimme Nacht! Nun mach dir erstmal etwas zu essen", ermutigte ich sie dann und sah ihr zu, wie sie, fast noch schlafwandlerisch, mit ihren Sachen hantierte. Sie aß langsam, trank schlürfend Tee und pustete laut den Rauch ihrer Morgenzigarette aus.

"An die Katze erinnere ich mich noch und an das schreckliche Gefühl, ich würde nie wieder aufwachen können", fasste Bella ihre Gedanken zusammen. "Früher gefielen mir Katzen, vor allem Kätzchen, wenn sie miteinander tollten oder mit patschigen Pfoten Fliegenfangen lernten. Einmal, in Harra, hatte die Katzenmutter ihren Jungen eine Maus mitgebracht, zum üben sozusagen. Ich schnappte mir die Maus, hielt sie am Schwanz fest und rannte zur Oma, wollte ihr stolz meinen Fund zeigen. Mitten auf der Treppe schwang sich die Maus hoch und biss mich, entwischte und ich versuchte noch, sie wieder einzufangen, bis mein Zeigefinger schmerzhaft zu pochen begann. Ich klagte Omi mein Missgeschick und sie lachte mich aus: "So ein Unverstand!" Sie verarztete die Wunde und erklärte mir, dass in den Mäusezähnen Gift sei, und außerdem würden Mäuse alles Essbare anknabbern und wegfressen. In mir sagte ich aber: Und doch sind Mäuse schön, jedenfalls meine!

Zwei, drei Jahre später fing ich an, Katzen zu ärgern und zu piesacken. Eine Begebenheit fällt mir ein: die Katze in Harra, unter den großen Schrank in der Diele geduckt, mit Wutgefauche, glühenden Augen und vorschnellender Krallenpfote. Ich liege auf dem Bauch davor und lange immer wieder, voller Schadenfreude, mit einem dicken Stock nach ihr und treibe sie in die Enge. Warum bloß? – Jetzt sind mir Katzen unheimlich. Ich möchte sie gerne streicheln, Freundschaft schließen und habe gleichzeitig Angst vor ihrer Unberechenbarkeit, erwarte einen blitzschnellen Angriff. Seltsam.

Die Zeit vor der Scheidung ist wie – wie – ja, als stände ich vor dem Fenster und Regen pladderte an den Scheiben herunter, verformte das Draußen. Ich bin in einem Aquarium, und die Welt ist verschwommen, schemenhaft", fuhr Bella unvermittelt fort.

"Dabei hast du damals so viel erlebt, gelacht, getanzt, auf der Dorfstraße von Harra Leute angesprochen und zum Kaffeetrinken eingeladen, mit Feen geflüstert, Hühnern eine Rede gehalten, ständig nach den Brillen deiner Eltern gegrabscht und "Augen gucken!" gefordert."

Bella lachte und versuchte, sich die Kleine vorzustellen. Aber es gelang ihr nicht. Bebrillte Gesichter wirbelten durcheinander, ein gepünkelter Volant an einem Babykörbchen, weiße runde Gitterstäbe eines Kinderbettchens, ein Blick aus dem Laufstall auf ein Stückchen großgemusterter Tapete, Gerüche, so schnell vorbeiziehend, dass sie sie nicht erkennen konnte, ein leises Gemurmel und ein schrilles "Ei, ei, was haben wir denn da!"

"Als wäre ich nie gewesen!" klagte Bella, "als würde jeder Tag hinter mir in ein schwarzes Loch kippen, jeder Augenblick sich schon auflösen, während ich noch mitten drin stecke!"

"Aber alles ist noch da, in deinen Träumen, in deinem Kopf!" beruhigte ich Bella.

"Ach, was nützt mir das denn, wenn ich keinen Zugang habe!" wies mich Bella zurecht.

"Die Türen werden sich öffnen! Geh nur weiter, damit wir hier herauskommen!" brach ich das Gespräch ab, denn Bella war schon wieder dabei, ins Jammern zu verfallen und das musste sie sich nun ein für allemal abgewöhnen, beschloss ich.

So trieb ich Bella an. Sie murrte und meckerte an mir herum. Stolperte schließlich los, rieb sich die Augen, machte ihre typische Handbewegung, um die Brille hochzuschieben und sobald sie bemerkte, dass kein Gestell da war, wurde sie nicht etwa froh, sondern schrumpfte in sich zusammen und greinte: "Ohne Brille tun mir die Augen weh, ich hätte sie nicht …"

"Bella", unterbrach ich sie. "Bisher hast du dich ganz gut daran gewöhnt, ohne zu sein, bist nicht blind geworden, siehst Farben und Licht – was machen da schon ein paar tränende Augen! Du willst wohl ein Schlaraffenland, wo du auf fliegenden Teppichen zum Süden kommst, dir Brathähnchen auf den Teller plumpsen und es nie Brillen gegeben hat!"

Bella schwieg beleidigt, war aber doch so in Wut geraten, dass sie kräftig ausschritt, wild entschlossen, so schnell wie möglich diese Schlucht hinter sich zu lassen.

Stunden um Stunden quälte sich Bella holprige Pfade entlang, durch enge Durchlässe und über einen breiten Steg aus Autoreifen. Ab und an wurde der Platz zwischen den Hügelwänden breiter, und wir freuten uns schon: "Jetzt!" – Aber hinter der Biegung der gleiche Anblick. Immer wieder rieselte Sand von oben nach, purzelte Formloses herunter und versperrten verrottete Ungetüme den Weg. Bella kletterte mühsam vorbei, blieb an rausragenden Eisenstangen hängen oder rutschte über bucklige Hindernisse.

Plötzlich blieb sie nach einer Biegung stehen und klatschte in die Hände. Vor ihr lag ein kleiner Platz: Aus einer Betonröhre rieselte Wasser und sammelte sich in einem kleinen Teich, von dem Vögel aufflogen. Eine Libelle kreiste darüber und smaragdenes Gras breitete sich zu einem Sitzplätzchen unter einem dottergelben Ginsterbusch. Am Teich nickten schmale hohe Gräser und auf ihren olivgrünen Tellerblättern schwammen weiße Seerosen.

Bella lief juchzend auf diese Oase zu, warf den Rucksack ab, kühlte sich Gesicht und Hände unter dem Wasserstrahl, hüpfte umher und verkündete: "Ira, hier bleibe ich heute!"

Sie streckte sich genüsslich auf dem Rasen aus, ließ ihre Füße in den Teich hängen und hielt ihr Gesicht den schrägen Strahlen der Abendsonne entgegen. Sie träumte vor sich hin – vom Meer und weiß-gischtigen Wellen, blauem Himmel und feinkörnigem Strand. Dann rappelte sie sich hoch, kramte in ihrem Rucksack, bis sie ihr dickes Tagebuch mit dem blauen Glanzeinband gefunden hatte, setzte sich im Schneidersitz zurecht, das Heft vor sich, schraubte ihren Füller auf, ließ ihren Blick eine Runde drehen und begann, eifrig zu schreiben.

Ich wollte mitlesen, aber Bella herrschte mich an: "Das ist privat, Ira!""

Ausgesperrt! Nun denn – jede von uns hatte ihre Eckchen und Winkel, die nur ihr allein gehörten, musste ich Bella Recht geben, schaute ihr noch eine Weile zu, freute mich über eine flinke Meise, die mit schnellen Hüpfern das Terrain erkundete und am Teich einen Schnabel voll Wasser ergatterte, ehe sie von einer aufgeplusterten Amsel vertrieben wurde. Ich beschloss, ins Traumland zu entwischen, unserem *Ober-Wolkenschieber* zu berichten und mich durch Träumereien am Wandelbrunnen zu erfrischen.

Als ich wiederkam, lag Bella schon in ihrem Schlafsack, staunte zum silbrigen Vollmond hoch, der Filigranschatten vor den Teich malte, Diamanttröpfchen und Kristallbänder über das Wasser kräuselte.

Bella plinkerte ein paar Mal mit den Augenlidern, die sich wie Vorhänge über das zauberische Mondlicht schoben und glitt dann in samtblauen Gondeln ins Traumland.

In dieser Nacht schlugen wir dem grimmigen Alb ein Schnippchen, lachten, sangen, hüpften und tanzten, zeitvergessen wie in Bellas Kleinkindertagen. Bis zur Morgendämmerung. Eine Möwe hatte sich im fahlen Tagesgrau auf der Betonröhre niedergelassen, flog schrill kreischend und Flügel schlagend wieder auf. Dieser Schrei platzte in unsere Träume, verwischte die heiteren Landschaften und Bella rutschte auf eine kahle, schwarzkörnige Fläche, Kohlenstaubdünen, auf denen nur Inschriften zu sehen waren: große Wortmarmorblöcke, kleinere Granitbalken, deren Oberfläche von 'b's und 'g's ausgebuchtet und von 'h's und 'k's gekantet Buchstaben formten – hier fielen, immer zahlreicher, wuchtige Klötze – dort schmale Quader herab, schoben sich zusammen und formten einen Irrgarten. Bella flüchtete an den Wortzäunen entlang, versuchte, sich gegen einen Stein zu stemmen, um den Durchlass freizuhalten. Aber vergebens. Knirschend rastete er ein und verschloss die Lücke. Zäune wurden zu Mauern, Mauern zu Sichtblenden.

Bella hastete weiter. Vor ihr ein "*Setz deine Brille auf*"-Wandstück, rechts passierte sie ein "*Das Leben ist Pflicht und Arbeit*" und um die Ecke prallte sie fast auf ein "*Im Jammertal*", so schmal war der Gang geworden. Sie rüttelte an einem "*Du musst Vater und Mutter immer dankbar sein*", das ihr auf die Schulter kippte, und Bella schleppte diese schwere Last blind tappend voran. In der Ferne blinkte rot "**NOTAUSGANG**" durch die Wortwände.

Eine laut zeternde Amsel erlöste Bella von ihrer Bürde. Sie blinzelte, erleichtert, als sie über sich die Blüten der Ginsterruten schaukeln sah.

Bella tastete nach ihrer Brille – "ach ja, die brauch' ich nicht mehr" redete sie sich gut zu, verließ den Schlafsack, füllte ihre Wasserschüssel und wusch sich ausgiebig, vergaß sogar zu kontrollieren, ob etwa jemand zuguckte.

Beim Frühstück – zwischen Kauen und Schlucken – fragte Bella: "Ira, hörst du mir zu?"

"Du hast ja noch gar nichts gesagt", neckte ich sie, erntete aber nur ein ärgerliches "Iiiirah!"

Ein Spatz pickte frech nach den Brotkrumen zu Bellas Füssen, und das lenkte sie ab. Sie bröselte ihm noch mehr hin, ein zweiter Spatz flatterte hinzu und mit wildem Getschilpe verputzen die Mätze ihren Anteil. Bella griente über deren Hacken und Streiten und vergaß, dass sie sich mal wieder bei mir über ihre Albträume beschweren wollte.

"Eigentlich", knüpfte Bella an, "wollte ich immer alles wörtlich nehmen, jedes Wort glauben! Aber wie konnte ich das, wenn die Gesten-, die Augen-, (wenn ich sie hinter den Brillen erkennen konnte) und die Mundwinkelsprache etwas anderes, Gegensätzliches erzählten? Jeden Satz musste ich dann abklopfen, hin- und herdrehen, überdenken und nochmals überdenken. Was bedeutete er **in Wirklichkeit**? Was war hinter den Worten versteckt, in ihnen verborgen? Am liebsten hätte ich gefragt: "Und was meinst du wirklich?", wusste aber, dass ich nur Abwehr und peinliches Ertapptfühlen auslösen würde."

"Tagländer können nicht das sagen, was sie denken, denn sie wissen es nicht mehr, oder sie dürfen es nicht wissen, weil das Wahrnehmen sie verändern würde. Vielleicht würden sie ihre Brillen wegschmeißen, ihre Hüte vom Kopf reißen, ihre Was-auch-immer fallenlassen, wenn sie sich selber und andere beim Wort nehmen könnten" orakelte ich.

"Das Wort des Tages!" mokierte sich Bella, denn das morgendliche Philosophieren war ja ihre Sache, nicht etwa meine! Manchmal könnte ich sie …

Bella packte verdrossen, zögerte und zauderte und verließ bedauernd dieses freundliche Fleckchen.

10

Den Marsch durch knöcheltiefen Modder überstand Bella miss-
mutig und quengelig vor sich hinbrabbelnd. Etwa eine Stunde war
so vergangen, als sich hinter der letzten Biegung eine rot-blau-
grün- und weißgetüpfelte Riesenfläche vor uns ausdehnte.

"Hurrei, hurra, trari trara, geschafft!" schrie Bella und fuchtelte
mit den Armen, bis ihr Rucksack schief herunterhing. Sie machte
eine Zigarettenpause und fragte: "Ira, wo müssen wir jetzt ent-
lang?"

"Rechter Hand, Bella und dann kommen wir zu den Sandbergen!"

"Hm, es lebe die Wanderei!" probte Bella eine Art von Humor,
die sie sogar selber nicht komisch fand.

Beim Näherkommen löste sich das bunt Gescheckte wieder in
Fladen von verfilztem, gezacktem und zerquetschtem Kram auf.
Bella wühlte den Stankstopp heraus und umwedelte damit ihre
Nase. Hitzewellen saugten die Atemluft weg und das Klickern,
das gestern noch fast überhörbar war, wurde nun lauter und hallte
in den Ohren.

"Was mag das nur sein? Ira, kannst du nicht mal vorfliegen
und die Kundschafterin machen?"

"Das kann ich nicht", musste ich kleinlaut zugeben. "Es ist
doch Tag und außerdem …"

"Schon gut, schon gut!" murmelte Bella und mühte sich mit schweren Schritten vorwärts.

Zur Mittagszeit tauchten schartige Halden auf, allerlei Metallzeug klapperte und rasselte und bräunliche Pfützen hatten sich auf den Wegen dazwischen gesammelt.

Bella rümpfte die Nase, als sie sich in diese trostlose Hinterlassenschaft ihrer Stadt wagte.

Am Himmel zogen sich schwarz-graue Wolkenballen zusammen und bald pfiffen Bella zausende Windböen durchs Haar. Sie hielt nach einem Unterschlupf Ausschau, denn der Regen würde nicht mehr lange auf sich warten lassen. Bella dachte an den Teich und ihre südliche Stimmung zurück und kam sich so vor, als sei sie unvermittelt in eine andere Jahreszeit geraten. Als die ersten Tropfen niederprasselten, erspähte Bella eine Art Schuppen, der aus dünnen Eisenplatten und Wellblech zusammengestoppelt war. Aber die Tür ließ sich öffnen und ein wenig Licht fiel durch die kleinen Glasscheiben im oberen Teil herein. Davongekommen! Wind und Regen ausgesperrt!

Bella blieb hinter der Tür stehen und suchte nach ihrer Taschenlampe, leuchtete dann den Innenraum ab. "Na so was!" stellte Bella fest, denn es sah gemütlicher aus, als sie erwartet hatte: ein Holztisch und zwei Stühle, ein leicht ramponierter Korbsessel, eine Pritsche mit einer gestreiften Decke darüber, Apfelsinenkisten mit allerlei Krimskrams, ein kleines Kanonenöfchen mit einem Korb voller Holzscheite daneben. Eine altmodische Petroleumlampe hing von der Decke. Der Regen rasselte, der Wind orgelte und rüttelte an den Wänden, aber Bella fühlte sich fast geborgen.

"Ob hier wohl ein Einheimischer wohnt, Ira?"

110

"Tja, es sieht so aus!" stellte ich fest.

"Ob ich wohl bleiben kann, bis der Regen aufhört und mir einen Tee koche?" fragte Bella ängstlich.

"Ich glaub' schon! Gastfreundschaft scheint hier noch etwas zu gelten – nicht so wie bei euch Brillenmachern, wo gleich die Kosten berechnet und nur Störungen gesehen werden."

"Euch, euch – ich bin doch kein Brillenmacher!" protestierte Bella.

"Nein, aber ihren Geist wirst du so schnell nicht los."

"Miesmacher!" schimpfte Bella.

"Recht hat sie!" ermahnte ich mich. "Ira, du musst mehr Geduld mit Bellas Ängsten und Zaudereien haben!" gelobte ich mir und versuchte, alles wieder gut zu machen, half Bella eifrig dabei, sich häuslich einzurichten.

Bald saß sie vor ihrem dampfenden Tee, gemütlich in einen Sessel gelümmelt, schlürfend und Kekse knabbernd.

"Weißt, Ira", sagte sie dann, mit langen Schweigepausen, "ich – ich hatte oft Angst, dass Mutter hereinplatzt, wenn ich grad' so schön für mich war, las oder vor mich hin träumte. Ich hörte sie nie kommen. Plötzlich stand sie da und schnauzte mich an: "Was tust du denn schon wieder?! Sitz' nicht rum! Mach dich nützlich!" Ihre Worte explodierten krachend in meine Stille, und ich fühlte mich ertappt: wieder einmal hatte ich etwas falsch gemacht. "Immer nur nützlich sein!" schrie Bella auf und trommelte mit den Fäusten auf das kleine Tischchen, bis der Tee überschwappte.

"Na, na, Bella! Wir müssen dir noch was suchen, woran du deine Wut auslassen kannst," beschwichtigte ich sie.

"Du, du – du – kannst das nicht verstehen. Du fühlst nur mit! Du fühlst nie selber das, was ich fühle, **wie es w i r k l i c h ist**, wie schrecklich … wie, wie …, " brach Bella ab, und Tränen rannen über ihr Gesicht.

Im Raum waberten Schatten, die alles auslöschen, aufsaugen und schlucken wollten! Mir war, als wirbelte ich blind und erstickend in einen eiskalten Sog. Nur ganz fern hörte ich Traumjokers keckerndes Lachen: "Monsterschein und Bleichgefunkel, Bleigefeuer und Lichterdunkel, Spiegelblind und Fratzenrunde: Aufgewacht in Träumerrunde!" psalmodierte er wohl einige Male unsere Albschreck-Formel, bis ich wieder zu mir kam. **Diese Wirklichkeit** war ja schlimmer als alle Albträume, die ich bisher kennengelernt hatte!

"Siehst du, Ira!" glückste der *Traumjoker* in mein Ohr. "Wie gut, dass du nur mitfühlst und deine eigenen Traumländerinnengefühle hast! Wo kämen wir da hin, wenn wir wie die Tagländer wären!"

"Wie recht du hast, mein Lieber!" seufzte ich erleichtert. "Wie gut, dass du noch rechtzeitig gekommen bist, sonst …"

"Hi und ho und rummtata – Joker ist doch immer da!" tadelte er mich, hüpfte davon, kicherte und lachte, dass mir wieder froh ums Herz wurde.

Am hellerlichten Tag kreisten Bellas Schattenfratzen sie ein, krochen auf die Sessellehne, hockten sich auf ihre Brust! Bella hatte ihre Arme um den Kopf gekrallt und schluchzte bettelnd: "Nein – nein – nein."

Da blieb nur eins: ich stimmte den Traumländer Albwutschrei an! Denn wir wollen uns ja die Geschichte der Albträume anhören, aber fressen lassen wir uns nicht!

Wie fünfzehn Rollen vorwärts wirbelte uns der Schrei durcheinander und schüttelte alle Monster und Fratzen ins Nimmerwiedersehen. Vorläufig jedenfalls!

"Bella, meine Liebe, Bella, meine Gute, meine Schöne, mein Herzelein, mein …!"

"I-iii-iraha", schluckte Bella und äugte vorsichtig umher. "Nuu-un sei doch nicht albern!"

"Besser albern als Albe! Siehst du, Albs lassen sich vertreiben, auch am Tage. Und wie soll ich beim Vertreiben helfen, wenn ich genau wie du mit drinstecken würde", behauptete ich. Denn wenn ich Bella in ein "Problemgespräch" verwickelte, so weckte das sofort ihre Aufmerksamkeit. Na, würde es auch diesmal …?"

Nein! Bella antwortete nicht, langte aber nach einem Taschentuch, murkelte damit herum, schluckte und schniefte, setzte sich dann aber im Sessel aufrecht und trank langsam den Rest vom kalten Tee. Dann schleppte sie sich zur Pritsche, rutschte hinunter und igelte sich ein, mit dem Gesicht zur Wellblechwand.

Ich breitete den Schlafsack über sie und tadelte mich, dass ich mitgeholfen hatte, den Geist der Brillenmacher heraufzubeschwören. Er war schneller zurückgekommen, als ich dachte!

Regen und Wind hämmerten an Dach und Wänden und die Hütte vibrierte und knackte. Bella lag leblos da, schwach und matt. Bald sackte sie tonnenschwer in ein schwarzes Loch. "Ich kann nicht! Das schaff' ich nie! Warum sterbe ich nicht?" pochte ein Schmerz in ihrem Hinterkopf, und ich konnte ihr nicht einmal einen schönen Traum schicken, denn Bella fürchtete sich vor dem Einschlafen.

Ratlos saß ich neben ihr und wartete, lauschte dem Wind und dem Regen und musste zugeben, dass ich allein nicht weiterkam. Wer konnte mir das Wesen dieser Albträume erklären? Aber ja: unser *Ober-Wolkenschieber*.

"Bella, Bella", raunte ich, "mach' die Augen zu, und wir werden zusammen den *Ober-Wolkenschieber* besuchen!"

Keine Antwort! Keine Bewegung! Nur eine finstere, undurchdringliche Kapsel.

"Bella! Bellaaaa!" rief ich mehrmals, bevor sie mit einem dumpfen "Wo-o-zu denn?" reagierte.

"Um ein wenig Licht in diese Albträume zu bringen!" sagte ich ermutigend.

Bella aber blieb reglos und so musste ich sie austricksen. Schnell blies ich über ihre Augen, bis Bella sie nicht mehr offenhalten konnte, und "husch" nahm ich sie in einem Traumwirbel mit zum *Wolkenpalast*.

Da saß unser *Ober-Wolkenschieber* auf einer gold- und silberdurchwirkten weißen Wolke. Sein nachtblauer Umhang mit den goldenen Sternen darauf flatterte, als er mit seinem buntschillernden Stab hier eine Wolke schob und dort einem Wolkenzug Anschwung gab. Eigentlich sah er so aus, wie sich Bella als Kind einen Zauberer vorgestellt hatte, und auch mir erschien er nicht wie der *Ober-Wolkenschieber*, den ich kannte.

"Hu-hu, Ira!" juchzte Bella und war auch schon auf eine Wolke gehüpft, sank ein, wie in weiche Federbetten, und wir segelten im Himmelsblau und schauten dem *Ober-Wolkenschieber* zu. Manche Wolken stießen zusammen. Es klingelte leise wie Glas an Glas oder summte tief bei bauchigen Wolkenschiffen. *Ober-*

Wolkenschieber trällerte und pfiff, gestikulierte und hantierte, und wir hörten sein langgezogenes "Hoooo-ooo", wenn er wieder einmal eine Wolke verschob.

Plötzlich verdüsterte sich der Himmel und ein grau-schwarzes, hoch getürmtes Wolkenungetüm zischte heran. Mit schaurigen Heultönen und herzstockenden Paukenschlägen drängte es all die hellen, zarten Wölkchen und Wolkengespinste zusammen und schob sich wie eine kohlschwarze Masse darüber. Bella schrie: "Nein! Nicht schon wieder! Nein! Ich kann nicht mehr! Kann nicht! Kann nicht!" und verkroch sich in ihre Wolke, die nun von den Rändern her schmutzig-grau wurde, sich dann schwärzte, als ob Tinte darüber sickern würde. Kein helles Zufluchtswölkchen mehr übrig! Aus dem Wolkenmonster grinsten nun auch noch Fratzen, rissen zahnlose Münder auf, rollten mit rotglühenden Riesenaugen oder fixierten Bella mit frostigem Marmorblick. Bella schnappte panisch: "Ich will aufwachen! Ira! Ira! Ich will hier weg! Weg! Weg hier!"

"Nein! Nein! Warte noch Bella! Schau doch mal! Dort!"

Mit einem letzten Restchen Mut schaute Bella auf.

"Oh! Was macht ER denn jetzt?" staunte sie dann.

Wir sahen *Ober-Wolkenschieber* strahlen und glitzern wie einen Tannenbaum, geschmückt mit vielen brennenden Kerzen und gold, rot, blau, grün und gelb aufblinkenden Leuchtkugeln. Heller und heller gleißte er, blendete fast in diesem umher wabernden Dunkel.

Ober-Wolkenschieber warf rundherum Lichterketten mit seinem Stab: Da vorn fiel ein Fünklein, da hinten und dort, fast vor uns. Sie verloschen nicht etwa, sondern breiteten sich aus, bildeten kleinere, dann immer größere Lauffeuer, züngelten an Fratzen und Monstern hoch und wandelten sie zu Feuerwerkskaskaden und Sternengarben, die farbschillernd aufstoben, Feuerräder drehten und sich schließlich zu einem Schriftzug aus bunt glühenden Buchstaben formierten. "*Keiner hat mich lieb*!" funkelten sie. Dann hörten wir *Ober-Wolkenschiebers* lautes, fröhliches Lachen und sahen, dass er eine gar schreckliche Fratze aus all dem Schwelenden mit seinem Stab herausangelte, drüberrollen ließ, sie sich auf die linke Schulter setzte und ihr einen freundlichen Nasenstüber gab. Dann zog er ein zappelndes, warziges Ungeheuer heran und drückte es an sein Herz.

"Wie kann er nur!" schnaufte Bella angeekelt, schrie dann aber aufgeregt in mein Ohr: "Ira! Ira! Schau mal!"

Nein! Das war doch nicht möglich!

Die Fratze lächelte und sah gar nicht mehr so gruselig aus, und das Monster schmiegte sich an *Ober-Wolkenschieber*. Der hatte das Monster sogar umhalst und gab ihm einen Kuss auf die schrumpelige Stirn!

Und nun war es, als hätte jemand frische Milch ausgegossen statt schwarzer Tinte, denn alles wurde allmählich wieder hell und weiß! Alle Wolkengebilde wurden wieder sichtbar und Traumvögel, Joker, Sonnenkinder und Rosenfeen schwebten heran und begannen, mit den Fratzen und Ungeheuern Reigen zu tanzen!

11

"Ja, was machst du denn hier? In meinem Bett!" donnerte es über uns. Bella wachte mit einem Ruck auf und hielt schützend ihre Hand gegen das blendende Licht, das ihr Gesicht traf. Vor ihr türmte sich eine Schattengestalt auf und Bella schlotterte vor Angst: blitzschnell gingen Szenen in ihr um, und Bella stellte sich vor, was ihr nun Fürchterliches passieren würde.

Tränen rannen über ihr Gesicht. Sie drückte sich an die Wand und schluchzte: "Ich wollte – wollte – mich doch nur ein bisschen ausruhen – und dann – dann – dieser – dieser Alb-tr-traum."

"Ach so. Nun wein' ma' nich' gleich! Muss doch ooch erscht wissn', wän eech vorrr mirrr happ!" meinte die Gestalt, schon weniger bedrohlich, hängte die Lampe an eine Kette und zog sie damit zur Decke hinauf.

Nun war der ganze Raum beleuchtet. Bella rappelte sich hoch, äugte hoch und sah die Bewohnerin der Hütte, wagte aber noch nicht, aufzustehen.

"Nä, so een Wetterrrchen! Hascht ober Jlück, dasse bee mirr undergekrroche bischt. Ischa man nech schlächt so, happ' jerrne ma Besoch. Nu komma, mache wee unss wass zu schnabbeln, kannste dä Kardoffen schäln!" wurde Bella aufgefordert.

Ich blieb mucksmäuschen still. Erstmal abwarten.

"Ach jaa, wie heisste dänn?"

Bella antwortete und erfuhr: "Isch bin die Kunnigunde Kunderbunt."

"Kunnigunde Kunterbunt?" wunderte sich Bella. Sie musterte die große, betagte Frau, die sich ihr zuwandte und ihr ein schartiges Kartoffelschälmesser hinhielt. Die Alte trug ein ausgebliches, geschecktes Flickenkleid, um die Taille einen aus bunten Fäden gewirkten Gürtel, grobwollene Strümpfe, klobige Lederstiefel mit dicken Sohlen, eine Schafsfellweste und ein zerfranstes, knallrotes Tuch um den Hals. Ihr Gesicht war gefurcht von unzähligen Falten und ein Strahlenkranz Lachfältchen umrahmte Mund- und Augenwinkel. Ihren Händen, grobknochig und von wulstigen, bläulichen Adersträngen übernetzt, traute Bella noch ein kräftiges Anpacken zu. Die Augen beeindruckten Bella am meisten: eisblau, fast durchscheinend, aber nicht kalt, nur klar und gelassen, als würden sie über alles hinwegsehen können.

Auch Kunnigunde begutachtete Bella und wedelte dann ungeduldig mit dem Kartoffelschälmesser.

Als beide einträchtig am Tisch saßen und eine Kartoffel nach der anderen dünn geschält – darauf hatte Kunnigunde bestanden – in einen mit Wasser gefüllten, verbeulten Topf plumpsen ließen, fragte Bella: "Heißen Sie wirklich so?"

"Das feine "Sie" kannst du ruhig weglassen, nenn' mich wie alle hier, "Kunni"," antwortete sie in gut Brillsch, das Bella ihr gar nicht zugetraut hätte.

Kunni lachte krächzend und meinte: "Ich kann viele Sprachen sprechen!" Und zum Beweis fiel sie ins Hütlerisch und in allerlei andere Tagländer-Dialekte. Sogar die kehligen Laute der Gaukler erkannte Bella.

"Oh, dann kannst du mir ja ein paar Worte gauklisch beibringen!" unterbrach Bella das Sprachgewirr. "Ich will nämlich zu ihnen in den Süden!"

"So, so, " brummelte Kunni, "in den Süden – aber der Süden ist doch überall, du musst ihn dir nur herbeischauen!" – "Na, " fuhr sie dann mit einem skeptischen Blick auf Bella fort, "bist noch zu jung, um das zu können. Glaubst noch, wenn du nur weit genug fortgehst, lässt du alles hinter dir! Aber nee, nimmscht dech überrrall mid hin! – Hasse och kein "Kunderbunt" nech zum neugugge!" bekräftigte sie, wusch die Kartoffen ab, schüttete das Schmutzwasser zur Tür hinaus, die eine kräftige Windbö fast aus den Angeln gerissen hätte.

"Nee, nee, so'n Wedder aberrr ooch!" schimpfte sie, schlurrte zum Ofen, hatte ruck-zuck ein Feuerchen angemacht und setzte die Kartoffeln auf.

"Kartoffeln und Gulasch stehen auf dem Herd", dachte Bella plötzlich, und ich sah die Küche am Brillenkamp: ein Zettel von Bellas Mutter lag auf dem Küchentisch, und nachdem Bella ihn laut gelesen hatte, schaute sie missmutig in die Töpfe, zündete aber brav das Gas darunter an und strolchte durch die leere Wohnung. Sie riss sich dann das Band, an dem der Wohnungsschlüssel hing, vom Hals, ließ es um den Zeigefinger kreisen, bis es davon schoss und fast den Spiegel zerscherbt hätte. "Immer dasselbe!" hörte ich Bella jammern. "Eine Woche Gulasch, eine Woche Grünkohl, eine Woche Sauerkraut, und in der letzten Woche wird das Geld knapp. Schlüsselkind! Schlüsselkind! Und das alles nur, weil meine Mutter **berufstätig** ist – dieses Wort spuckte sie fast aus! Auch noch Lehrerin dazu, und ich muss die folgsame, vorbildliche Lehrerstochter sein!" In der Küche klapperte ein Deckel, und die Gasflamme zischte vom überschwappenden Wasser.

"Wo bisse denn nuu?" unterbrach Kunni Bellas Rückschau.

"Och, mir fiel nur was ein", wiegelte Bella ab.

"Gut so, gut so!" freute sich Kunni. "Deswegen heiße ich nämlich Kunterbunt, weil's bei mir und um mich herum kunterbunt durcheinander geht, und außerdem trage ich meinen "Kunterbunt" immer mit mir herum, in meiner Tasche!" meinte Kunni und klopfte auf etwas, das tief in ihrer Kleidtasche verborgen war.

"Allen fällt did und dad ein, wennse mit mirrr zu dun habn, hätt'n se sech nech träm'n lässe!" bekräftigte Kunni dann.

Aber das konnte ich, Traumländerin Ira, nun nicht unwidersprochen lassen und wies sie mit einem strengen "Träumen schon!" zurecht.

Oh je, Kunni erschrak so sehr, dass ihr fast der Teekessel aus der Hand fiel.

"Bisse Bauchredner oderr watt?" fragte sie Bella verschüchtert.

Nun musste Bella lachen, erzählte Kunni von mir, und einmal ins Reden gekommen, stürzten die Erlebnisse der letzten Tage aus ihr heraus. Kreuz und quer sprang sie von einem zum anderen, sprudelte alles in atemloser Hast so schnell hervor, dass ich überhaupt nichts mehr verstand. Aber Kunni schien sich bestens zurechtzufinden, goß die Kartoffeln ab, diesmal die Tür mit ihrem Fuß festklemmend, setzte Teewasser auf, langte später nach dem pfeifenden Teekessel, brühte den Tee auf, goss ihn in große, geblümte Tassen, kramte eine Weile, sich ächzend bückend, in den Apfelsinenkisten, holte eine schöne, alte Dose hervor und schüttete klotzige Kandiszuckerstücke auf einen Teller.

"Dän musse wie'n Bondsche in Mond nähm, dann errrsch dän Dee schlugge!" konnte sie noch in Bellas Redeschwall einschieben, und Bella machte es auch tatsächlich so, wie Kunni ihr gesagt hatte, dabei ununterbrochen weiternuschelnd.

Grad erzählte sie, was ihr hier passiert war, als es mir zu bunt wurde, und ich sie mit einem "Bella, nicht so schnell!" unterbrach und in meine Körpergestalt sprang.

Kunni verschluckte sich an ihrem Kandiszucker, hustete, keuchte und schnappte hektisch nach Luft.

Bella sagte nur, so nebenbei: "Das ist Ira", und wollte schon weitererzählen, als Kunni sie unterbrach.

"Das ist also eine Traumländerin!" sagte sie, jedes Wort überdeutlich und laut artikulierend, als müsse sie vorsprechen.

"Ja, ja, Kunni, und ich habe die Gestalt, die sich Bella als kleines Kind für mich ausdachte – das hat Bella nämlich vergessen, zu erklären. Außerdem sind wir eigentlich eine Person und …," mischte ich mich ein.

"Eine Person und doch zwei, mei-o-mei – so kunterbunt habe ich's noch nie gehabt!" rief Kunni aus und musterte mich mit weit aufgerissenen Augen von oben bis unten.

Dann fügte sie stockend hinzu: "Ich kann mir ja vieles herbeischauen – aber meinen zweiten Teil habe ich noch nie gesehen! – Gesprochen habe ich schon mit ihm – deswegen musste ich ja auch hierher flüchten, denn alle meinten, ich gehöre ins **Schauhaus,** weil ich ständig – und hier äffte sie mit einer hochgezogenen Augenbraue das vornehme Brillsch nach – "*Selbstgespräche*" führte!"

"Im Traum hast du ihn bestimmt schon gesehen und all die Personen, die du mal warst oder noch werden wirst", fachsimpelte ich gleich los.

Kunni rutschte aufgeregt auf ihrem Stuhl hin und her, klatschte sich auf die Schenkel und rief: "Ach so, ach so! Ich wusste ja nicht, dass all die Leutchen im Traum ich selber war! So watt – so watt, dett mussi alde Kunni ästma verdauä!"

Dann verkündete sie: "Jetzt machen wir eine Pause und essen was. Es gibt Kartoffelpuffer und Apfelmus!"

Bella war begeistert, denn das war ihr Leib- und Magengericht. Sie rieb fleißig die Kartoffeln, während Kunni nach dem Apfelkompott fahndete.

Bella fragte mich dann nachdenklich: "Ira, wieso eine Person? Wir sind doch zwei!"

"Aber Bella, wir gehören doch zusammen – deine Tagland- und deine Traumlandseite – das bist du! Und in deinem Traumland wohnen nun mal Sonnen- und Schattengestalten. Aber oft wollen die einen nichts von den anderen wissen, sie nicht zum Nachbarn haben, vertreiben sie in den Keller. Und da hocken die Schatten dann, frieren und weinen und kommen als Monster in Alb- oder Wachträumen wieder hoch gekrochen."

"Das versteh' ich nicht, Ira. Ich bin ich, wieso …"

"Pause, hab' ich gesagt!" funkte Kunni dazwischen und triumphierte: "Hier isses!" und zerrte das Musglas hervor.

Bald brutzelten die Puffer in der Pfanne und ein leckerer Geruch zog durch das Hüttchen. Es war mollig warm, Wind und Regen machten es nur noch gemütlicher.

Ich spann dem nach, was uns vorhin *Ober-Wolkenschieber* erklärt hatte. – Ja, ja – denn bei uns gibt man keine Erklärungen ab – bei uns bildert, wörtelt, tönt, würzt und schmeckt man! Das mit der "einen Person" – ja, so hatte es *Ober-Wolkenschieber* erträumt. Da war ich mir ganz und gar sicher. Aber Bella würde das auch noch kapieren!

Beim Essen erfuhr Bella, dass Kunni schon 70 war und auf den Tag genau 25 Jahre im "Kuddel-Muddel" lebte, wie sie es nannte. Als alles verspeist war, meinte Kunni: "Darauf müssen wir anstoßen!" und begab sich wieder auf die Suche, diesmal in die hinterste Ecke des Wellblechhäusels.

"Da staun'ste, 'ss nen rischdich gude Troppen!" triumphierte sie wieder, wischte eine staubige, mit Spinnenweben verklebte Flasche blank und stellte sie mit einer verulkten Verbeugung auf den Tisch.

Es dauerte aber noch eine Weile, bis sie Gläser und Korkenzieher gefunden hatte.

" 's ja och ma sältn, dass isch mid wäm anstoß!" entschuldigte sie sich, und dann nestelten sich beide zurecht, ließen sich gegenseitig hochleben und schauten verträumt in den im Lampenlicht rubinrot aufglühenden Wein.

"Was hast du vorhin geträumt?" wollte Kunni nach einem langen, besinnlichen Schweigen wissen.

Bella erzählte alles, und Kunni nahm mit Aufstöhnen und Juchzen daran Anteil.

Kaum hatte Bella ihre Schilderung beendet, wollte ich auch schon Ober-Wolkenschiebers Übersetzerin machen und meine Entdeckungen loswerden, als Kunni mich unwirsch daran hinderte (also ob sie was geahnt hätte!).

"Ira, du wart mal ab! Ihr zwei habt ja noch viel Zeit zum Reden. Wir beiden aber nicht!"

"Dann kann ich ja ins Traumland abhaun!" schnappte ich zurück, aber Kunni lachte nur und meinte: "Wie die eine, so die andere: empfindlich wie die Prinzessin auf der Erbse!"

"Was soll das denn!" schimpfte ich.

Aber Bella beschwichtigte mich: "Ach Ira", das ist nur ein Märchen, und ich erzähl's dir später mal. Außerdem hörst du doch sonst so gern zu!" wunderte sie sich.

Sonst, sonst … aber jetzt hatte **ich** etwas zu sagen, und keiner ließ mich.

"Wer will, der hat schon!" bemerkte Kunni mit einem spitzbübischen Grinsen.

"Hat schon, hat schon!" ahmte ich sie ärgerlich nach.

"Na hasse nech vorhin Bella 'ne Räde jehalten vonwägen eene Perrson un soo?" fragte Kunni und verkniff sich das Lachen nur mit Müh' und Not.

"Na ja", musste ich zugeben.

"Siesse! Aba nu ma watt andäs!" sagte Kunni, stand auf, ging zu ihrem Mantel und holte ein buntgelacktes Rohr heraus. Dann schenkte sie nach – "willsse auch?" fragte sie mich verstohlen – und ich winkte miesepetrig ab. Hatte Kunni denn schon vergessen, dass ich …

Doch bevor ich mich noch weiter hineinsteigern konnte, meinte sie: "Das ist mein Kunterbunt!" und reichte mir das Rohr.

Ach so – **das** war der Kunterbunt, den Kunni vorhin meinte!

Ich schaute hindurch und stellte richtig: "Aber das ist ja ein Kaleidoskop", drehte es dann nach allen Seiten und vergaß dabei unsere

124

Kabbeleien: schillernde, samtene, dämmrige und leuchtende Mosaikräder wogten vor mir – wie unsere Traumländer-Wandelwelt!

"Ich auch mal! Ich auch mal!" rief Bella ungeduldig.

Und auch sie schaute lange hindurch, "ah"s und "oooh"s staunend.

"Verstehst du nun, dass ich mir den Süden herbeischauen kann?" schmunzelte Kunni und fuhr fort: "Wenn mir einsam ist, mich der Kuddelmuddel bedrückt oder ich einfach mal was Schönes sehen möchte, dann zück ich meinen "Kunterbunt", vergesse die Welt um mich her und auch mich selber!"

"Ja, das kann ich mir gut vorstellen! Der wäre auch gut gegen Albs", bestätigte Bella.

"Ach ja, die Albs", erinnerte sich Kunni, trank einen großen Schluck, meinte zu sich selbst: "dasse nu näch zu beschickert werrss – abba macha nichss, bisse ja gleich zu Bedde!" rief sie laut. Bella zuckte zusammen und "Kunterbunt" schlug ihr an die Zähne. Kunni meldete sich schon wieder: "Ich weiß was! Wir spielen jetzt: Ich bin der Alb und du bist du!"

"Och nee", wehrte Bella enttäuscht ab, "grad jetzt, wo's so schön gemütlich ist …"

"Ja, ja, grad jetzt", bekräftigte Kunni. "Habe ja auch so meine Albträume, und was Ira von der " einen Person" sagte – gibt mir schon zu denken. Außerdem sind wir doch zu dritt und nicht schlotterallein vorm Alb!"

Bella musste über das Wort lachen. Na ja, spielen …

Wieder tauchte Vergangenes in Bella hoch: "*Spiel doch mit mir, spiel doch mit mir!*" – "*Später, ich habe jetzt keine Zeit, du siehst doch, ich muss Schulaufsätze korrigieren*", die Mutter.

Dann eine Kleinjungenstimme: "*Du darfst aber hier nicht spielen – das ist meine Sandkiste!*" – Das Stakkato eines hämischen Chores: "*Spielverderber! Spielverderber*!" vermischte sich mit der einschmeichelnden Stimme ihrer Mutter "*Spiel schön allein, du bist doch ein grosses Mädchen!*" und schriller: "*Aber pass auf deine Brille auf*!" – und ein dröhnendes Tam-Tam schlug "**Pflicht und Arbeit**" – "*Pflicht und Arbeit, – eit, – eit*".

"Kuckuck! Bella! Spielen wir, oder willst du im Kunterbunt bleiben?"

"Bloß nicht!" sagte Bella hastig "und bunt ist es auch nicht! – Ja, laß uns spielen!"

"Prima!" freute sich Kunni und überlegte eine Weile. Dann ging sie auf und ab, zog hier und dort etwas hervor, wurschtelte herum und ließ sich mit einem unheimlichen "Hu-hu-huuuu – ich bin der Alb!" auf ihren Stuhl fallen.

"Das hast du aber gut hingekriegt!" lobte Bella, denn ihr war schon ein wenig gruselig zumute. Sie konnte Kunni nur an ihren blauen Augen unter dem schwarzen Schlapphut, dem mit Kohle bemalten Gesicht, dem schwarzen Tuch und dem schwarzen Lumpenmantel wiedererkennen. Sogar aus ihren Händen hatte Kunni mit Kohlestückchen Krallen gemacht!

"Du willst mir nur Angst einjagen!" schrie Bella plötzlich, "willst, dass ich klein und schwach werde, mich mies und elend fühle, völlig kraftlos bin! Du hast mich so erschreckt, dass ich nur noch ans Weglaufen denken kann! Aber wohin?? Ich weiß nicht mal, wohin! Wer rettet mich? Niemand da! N-i-e-m-a-n-d!! Ich habe mich verirrt, bin verloren, von allen guten Geistern verlassen, ganz und gar allein", schluchzte Bella auf.

"Aber du bist doch nicht allein. Ich bin doch **dein** Alb!" sagte Kunni-Alb begütigend und streckte ihre Krallenhand aus.

"Faß mich ja nicht an, du Scheusal. Du bist nicht **mein** Alb! Mit dir will ich nichts zu tun haben!" fauchte Bella, hart und böse die ausgestreckte Hand wegstoßend.

"Aber ich bin doch ein Teil von dir – das, was du erlebt hast – das, wovor du dich gefürchtet hast und wovor du dich noch fürchtest", antwortete Kunni kläglich und rieb ihre schmerzende Hand.

"Ich will keine Angst haben! Ich will mich nicht an all das erinnern, wo ich schlecht weggekommen bin!" trumpfte Bella nun auf.

"Nicht haben – nicht haben – aber die Angst hat dich doch schon! **Du bist ängstlich**, andauernd!" kreischte nun auch Kunni.

"Nein, nein! Du lügst! Ich will nicht! Ich will in den Süden, will …", haspelte Bella.

"Will – will – ein schönes Bild machst du dir, vom Süden – von dir!" höhnte Kunni.

"Du hast kein Erbarmen mit mir, wie alle – aaalle! – Alle stoßen mich herum, wollen mir ihre Brillen aufzwingen! Nie darf ich ich selber sein, störe dauernd – mit meinen Fragen, meinen Wünschen. – "*Paß dich an oder verschwinde*!" Wie soll ich denn das alles ohne ein schönes Bild, ohne einen Traum ertragen?" wimmerte Bella, vergrub ihren Kopf in den Armen und sackte auf die Tischplatte.

Nach einer langen Pause sagte Kunni zärtlich: "Ich weiss doch, dass du es nicht anders ertragen kannst. Aber du hast doch auch kein Erbarmen mit mir, schlägst nach mir, sperrst mich weg, verbannst mich ins dunkelste Kellerloch. Da sitze ich wie in einem

Burgverließ, voller Kummer und Jammer, den man dir angetan hat – ganz, ganz allein mit all den Gespenstern!" und nun fing auch Kunni an, zu weinen, erst lautlos und dann mit hartem, brüchigem Aufstöhnen, als spiele sie keine Rolle mehr, sondern weine um ihr eigenes Leben.

Bella hob vorsichtig den Kopf, wischte sich mit den Händen über die geschwollenen Augenlider und starrte in Kunnis geschwärztes Gesicht, in dem die Tränen ein verzweigtes Schlierennetz hinterließen.

"Aber du hast ja auch Angst," sagte Bella zaghaft, verwundert.

"Ja, ja, merkst du das endlich!" seufzte Kunni auf. "Genauso Angst, verlassen zu werden, wie du! So lange bettle und bitte ich schon, dass mich einer rauslässt aus dem Kellerloch, schreie und weine. Aber **keiner** hört mich. Nur immer neue Fratzen und Monster fallen auf mich runter. Nicht einmal reden kann ich mit ihnen! Sie sind wie Schallplatten mit Sprung, leiern nur immer dasselbe. Einer: "*Ich kann nicht*", ein anderer: "*Keiner hat mich lieb*" oder "*Setz deine Brille auf, Brille auf*" – taub für alles gute Zureden. Ab und an ein Lichtschein und ich schöpfe Hoffnung, aber dann sehe ich nur ein riesiges, strenges Gesicht – "***Bella die Größte***" und die kreischt nur: "*Sei stille! Missgeburt! Du bist schuld! Schuuuld!*" Und dann wird es wieder düster – für lange Zeit – und ich friere bis in die Knochen, und mein Herz erstarrt. Aber ich kann nicht sterben. Ich darf nicht sterben! Sterbe ich, so stirbst du auch. Ohne Licht kein Dunkel und ohne Dunkel kein Licht!" sagte Kunni andächtig.

Nun schwieg Bella eine Weile und fragte dann leise: "Kann es denn nicht anders sein?" – wartete aber keine Antwort ab, son-

dern redete sich erneut in Wut: "Ich will nicht all dieses Kropp-
zeug mit mir rumschleppen! Ich will dieses widerliche, eklige,
furchteinflössende Lumpenpack nicht! Es soll verschwinden! –
Du, Alb, du, du quälst mich – Hau ab!! Du machst mich nur ka-
putt!"

"Aber das will ich doch gar nicht!" besänftigte Kunni. "Ich will
doch nur, dass du Frieden schließt, mit all dem, was dich mal ver-
letzt hat. Ich will doch nur, dass du nicht so eine Brillenperson auf
Stelzen wirst, die bei jedem Windzug umkippen kann. Ich will
doch, dass du stark und mutig wirst. Ich …"

"So ein Quatsch!" ereiferte sich Bella. "Wie soll denn das gehen,
wenn du mir nur einen Schrecken nach dem anderen einjagst!"

"Ich weiß mir doch auch nicht anders zu helfen", antwortete
Kunni kläglich. "Du hörst mich sonst ja nicht! Willst nur im Licht
sein und mich im Dunkeln lassen!"

"Soll ich dich etwa freiwillig zu mir reinlassen? Das ist, wie –
wie – wie – wenn ich das Messer in der Wunde rumdrehen wür-
de!" empörte sich Bella.

"Aber ich bin doch schon drin!" rief Kunni verzweifelt aus und
beide starrten sich an, ratlos, schweigend.

Nun musste ich mich einmischen! Ich sprang auf, ließ mein
Sternengewand so lange aufblitzen, bis sich mir beide endlich
dumpf und schulterhängend zuwandten.

"Bella! Nun spielen wir deinen Traum von vorhin! Du Bella,
bist der Ober-Wolkenschieber und du Kunni, die Fratzen und
Monster!" verkündete ich.

"Los, stellt euch mal da hin, wo Platz ist und nun mal ran!"

Bella protestierte: "Ach, das ist doch blöd!"

Aber Kunni war schon aufgestanden, stellte die Stühle beiseite und meinte: "Warum denn nicht? Versuchen wir's doch einfach!"

Sie nahm Bella bei den Schultern, bugsierte sie in die Mitte des Raumes, drückte ihr "Kunterbunt" in die Hand, verzog sich selber in eine Ecke und ermunterte Bella: "Nu mach ma!"

Zuerst fuchtelte Bella nur ungeschickt mit "Kunterbunt" herum, bewegte sich steif und unlustig.

Nach und nach aber sah sie die Wolken, verschob hier eine, stubste da eine andere und liess einen Leuchtregen auf Kunni fallen, die schauerliche Fratzen schneidend herumsprang, ihre Hände zu einem Trichter formte und unheimliche Laute von sich gab.

Bald kamen die beiden in Schwung, kämpften miteinander, bis Kunni zuerst zaghaft stotterte und haspelte, dann laut herausschrie: "Ich hab' doch auch Angst! Hab' auch Angst, große Angst!" Bella schubste Kunni immer wieder weg. Immer wilder wurden beide, kreischten mit verzerrten Gesichten. Eine Zeitlang, bis Bella erschöpft schnaufte, und schliesslich Kunni in den Arm nahm. Sie drückte sie fest an sich, noch atemlos. Sacht tanzten beide zusammen, dann schneller, dann fröhlich jauchzend im Kreis, bis sie schnaufend stehen blieben.

Plötzlich lachte Kunni, laut und lauter, bog sich fast vor Lachen.

"Warum lachst du denn so?" fragte Bella, schon fast beleidigt.

Kunni konnte nicht antworten, hastete herum, bis sie einen kleinen Taschenspiegel gefunden hatte und hielt ihn Bella, immer noch prustend, vors Gesicht.

Zuerst schaute Bella misstrauisch drein, dann aber fing auch sie an, zu lachen.

Immer wieder lachten und glucksten die beiden los, dass es mir recht traumwandlerisch wurde.

Schließlich zogen sie die Stühle wieder an den Tisch, gossen sich den Rest Wein ein und Kunni meinte: "Nun hast du ein schwarz verschmiertes Gesicht, und bei mir scheint das Weiße wieder durch, und wir müssen uns alle beide waschen!"

Wieder giggelten sie los, schnauften und gackerten noch lange, bis sie sich endlich beruhigten und Kunni sagte: "Das war eine gute Idee von dir, Ira!"

"Ja, ja", bekräftigte Bella. "Ich wusste ja wirklich nicht mehr ein noch aus! Und deine Idee, Kunni, war auch gut. Ich hätte nie gedacht, dass ich mal mit meinem Alb reden würde."

"Und ich", fiel Kunni ein, "hätte nie gedacht, dass ich auf meine alten Tage rausfinden würde, dass ich mich oft in meinem Leben wie ein Alb gefühlt habe!"

"So, einen kann ich noch darauf trinken", sagte Bella fröhlich, aber müde. "Doch dann muss ich schlafen gehen. Das hat mich doch alles reichlich mitgenommen.

"Du sagst es", alberte Kunni und fragte dann besorgt: "Ist's dir auf dem Boden nicht zu hart?"

"Geht schon", versicherte Bella, "ist doch schön warm, und du bist ja auch da!" und dabei drückte sie Kunni schüchtern die Hand.

Kunni legte noch einmal Holz nach, machte umständlich die Petroleumlampe aus, und dann nestelten sich beide mit schläfrigem "Gute Nacht! Schöne Träume!" zurecht.

Draußen rasselte immer noch das Unwetter, aber drinnen war es heimelig, und der Teekessel auf dem Öfchen summte das Einschlaflied dazu.

12

Am nächsten Morgen wachte Bella vom Lärmen Kunnis auf, die stöhnte: "Ei – mei – mei – nur Messer im Kopf!"

Bella mußte lachen, klagte dann aber auch über ein stechendes Pochen in den Schläfen.

"Das kommt davon, von – von – euren "Aufputschmitteln"!" orakelte ich.

Bella fragte nur matt: "Wo hast du denn dieses Wort ausgegraben?"

"Öh – stimmt es nicht?"

"Doch, doch!" ließ sich Kunni wieder hören. "Abba giebt ja zum Glügg"Abflaumittel" !"

Sie machte sich wieder einmal auf die Suche und braute dann ein tintiges Getränk, das Bella scheußlich bitter fand.

Wirkungslos schien es nicht zu sein, denn Bella rappelte sich nach einer Weile hoch und auch Kunni hievte sich aus dem Sessel, hoffnungsvoll fragend: "Bellaaa, hasse woll ächtn Gaffee daa?"

"Habbich", nuschelte Bella, packte ihren Proviant aus und stellte alles auf den Tisch. Kunni stöberte aufgeregt darin herum und zog Kaffee, Erdbeermarmelade, Schokolade und Käseecken heraus.

"Na, dän Brotknust kannste behalten! Habbe janz frischet, backe nämlich selbä", meinte sie zu Bella und fügte hinzu: "Wassa iss inne Regendonne, Waschschüssel da, bei di Kiste, und regnen tut's auch nich mä!"

Als Bella zur Tür hinausstolperte, wäre sie fast in eine große Schlammpfütze getappt. Blinzelnd schaute sie sich um und erschrak, als sie all die rostigen, zackigen, in sich verkeilten, knirschenden und klappernden Haufen sah, die ihr bedrohlich hoch und unstabil vorkamen. Das Hüttchen duckte sich winzigklein in diesen Metallrachen.

Aber nun riss die Wolkendecke ein wenig auf, eine Sonnenstrahlbahn schrägte zur Erde und ließ unzählige Pfützen und Wassertropfen zu Regenbogenflittern werden.

Beim Frühstück bekakelten Kunni und Bella den letzten Abend, und Kunni teilte mir verschmitzt lächelnd mit: "Ira, ich glaube, ich habe heute im Morgendämmer meine Träumerin gesehen. Sie war zwar noch zu weit weg – ich konnte sie nicht genau erkennen – aber zugewinkt hat sie mir schon."

Da sprang ich auf und sang unser "Traumbegrüßungslied". Kunni und Bella hörten andächtig zu, und Kunni fragte: "Singt jedä Träumerin sowat von schön?"

"Dieses Lied können wir alle und noch viele, viele andere – für jede Stimmung einen Lieder-Reigen! Aber jede von uns träumt auch ihre eigene Musik. Und wenn's nach mir ginge, würden wir alle nur singen, tanzen, fliegen, fühlen, Bildworte erfinden und Wortbilder bereisen!" rief ich begeistert aus.

"Ach wie kunterbunt!" klatschte Kunni. Bella lachte über uns beide. Dann meinte sie kichernd: "Ich mag keine Opernarien. Ich bin nun mal ein echter Wortländer!"

"Hurrei!" spöttelte Kunni. "Bella hat ein neues Wort kreiert! Na, dann wünsch' ich dir viele schöne Buntworte!"

"Die "Buntworte" werde ich mir merken, Kunni", dankte Bella, "und Jedem seine Wolke!"

Nun lachten beide los, und wieder einmal konnten sie nicht so schnell aufhören.

Schließlich stand Kunni auf und sagte bedauernd: "Nun muss ich aber los! Der Bolle wartet auf mein Altpapier, und ich wart' auf meine Einkäufe. Ne gute Stunde ist's bis zu unserem Treffpunkt, und der Bolle wartet nicht gern. Weiß nicht warum, aber der hat's immer eilig!" krittelte sie und machte mit schräggestellter Hand eine schnelle Bewegung von rechts nach links. Da sah ich ganz deutlich jemanden mit vorgebeugtem Oberkörper vorwärts flitzen und machte gleich die Geste nach.

"Ja, ja, genau so ist der Bolle", nickte Kunni, räumte das Geschirr weg, brummelte, als Bella sagte: "lass man, das mach' ich schon", kramte und war schließlich abmarschbereit.

"Ach, Kunni, was ist das eigentlich für ein Klicken?" fragte Bella noch schnell.

"Ach, das ist der Schaufelbagger, am Baggerloch hinter den Sandbergen. Ist noch weit von hier, auch wenn du sein Lärmen schon hörst. Pass bloß auf! Da sitzt nämlich der "**Greifzange**" drin. Soll 'ne riesige Fernsichtbrille aufhaben und ständig die Umgebung mit Fernglasaugen nach "*Illegalen*" absuchen. Er verpfeift jeden, den er erwischen kann, an die Lastwagenfahrer, die den Sand abholen. Zusammen machen sie oft Treibjagd, denn sie bekommen ein Kopfgeld von der Stadt."

Bella wurde kalt vor Schreck und ängstlich fragte sie: "Aber wie komm' ich dann da vorbei?"

"Das weiß ich nicht", antwortete Kunni bedauernd, "aber vielleicht triffst du ja "**Meine Oper**".

"**Meine Oper**"?" fragte Bella. "Wer ist das denn?"

"Ach, der ist ein Musikus. Spricht immer von seiner Oper, summt und trällert daraus vor und kritzelt was in sein Notenheft. Aber fertig wird die wohl nie! Soll sie wohl auch nicht – er lebt halt mit ihr. Grüß' ihn und frag ihn, denn er ist hier weit rumgekommen. Der kennt sich aus. Am besten, du gehst jetzt rechts zur Tür raus, immer dem breitesten Pfad nach, und bei der Gabelung hältst du dich auch wieder rechts. Wersse schon findn, deinen Wäg!" ermutigte Kunni, umarmte Bella kurz und fest und war schon zur Tür hinaus, ehe Bella noch Piep sagen konnte.

Bella fühlte sich auf einmal leer und lustlos. Sie schaute mies gelaunt zu den verkästelten Metalltürmen hoch, und das Klicken erinnerte sie an Zahnarztbohrer. Schnell schlug sie die Tür zu und ließ sich in den Sessel fallen, schnupperte wehmütig dem schwachen Duft von Kartoffelpuffern nach und steckte sich dann automatisch eine Zigarette an. Gierig sog sie den Rauch ein, und ich dachte – auch schon missmutig – "immer diese Nuckelflasche!" – hörte dann aber rechtzeitig *Traumjoker*, der eine Tonleiter auf "Nuckel – Nackel – Nockel" lachte. Erleichtert lachte ich mit und hörte Bella grantig sagen: "Du musst ja nicht durch diesen Rostdschungel latschen! Du sitzt ja bequem in meinem Schatten!"

"Ach Bella! Von nichts kommt nichts!"

"Nun fängst du auch schon wie meine Mutter an!" zischte Bella verärgert.

"Na", meinte ich begütigend, "vielleicht kommt ja für dich aus dem Nichts so eine Art Kunterbunt geflogen!"

Aber das war auch nicht die richtige Antwort, um Bella aufzumuntern, und einen fliegenden Teppich konnte ich ihr nun mal nicht herbeizaubern. Also sang ich ihr ein Traumländer Morgenlied vor und noch eins und noch eins, bis sie nicht mehr auf all die ohrenkratzenden Geräusche horchte und wieder einmal vom Süden träumte.

Gerade schwärmte Bella von einem Gaukler, der ihr Liebesworte zuflüsterte, als ein Krachen sie aus ihrer seligen Duselei herausriss. Sie raffte ihre Sachen zusammen, stopfte und pfropfte und vergaß sogar, ihre Füße einzusalben, als sie hastig ihre Strümpfe hochzog und in die Gummistiefel schlüpfte. Im Nu war sie aus dem Haus und schaute sich vorsichtig um: Nicht weit vom Hüttchen war ein Metallgestapel zusammengefallen und versperrte mit schartigen und bizarr gescheckten Teilen den Weg. Aber zum Glück nicht rechts herum! Erleichtert klinkte Bella die Tür zu, dann aber wieder auf, kramte den Kaffee heraus und schüttete die Hälfte in eine von Kunnis geblühmten Tassen, deckte sie mit einem Blechdeckel ab und stapfte dann mit einem schweren Seufzer hinaus.

"Immer rechts, Richtung Süden", murmelte Bella, als sie dem breitesten Pfad folgte, so schnell sie konnte, auf der Hut und bereit, wegzurennen, falls wieder etwas zusammenstürzen sollte. Oft schwankten die Metallburgen neben ihr bedrohlich. Das rhythmische Klicken, das heimtückische Klappern und böige Windgezerre säbelte an ihren Nerven. Doch den Stankstopp brauchte sie erstmal nicht.

Rost, abgeplatzter, sonnenblasiger Lack und aufgeheiztes Eisen vermischten sich zu einer Ausdünstung, die Bella an die Trümmergrundstücke ihrer Kindheit erinnerten. Nur die Schwaden von getrocknetem Urin im augenbeizenden, wild wuchernden Unkraut und der naseverklebende Ziegelstaub fehlten.

Plötzlich stand Bella vor einer bröckelnden Brandmauer und – übers Eck – einem Stück blau geblümter Zimmerwand mit den noch erkennbaren, ausgeblichenen Vierecken längst zerstörter Bilder und Photographien. Sie pflügte durch ein dorniges Gestrüpp und fing an zu rennen, als sie vorn, unter der schräggestellten Tür, die Schreie hörte: "*Die Erste ist die Räuberbraut – schneller – schneller!*" Sie wetzte los, die Arme schützend vor sich ausgestreckt und schmiss sich dann blind der Länge nach in die "*Räuberhöhle*". – "*Aua! Pass doch auf!*" beklagte sich Schwabbel, als Bella mit dem Kopf auf seinem weichen Bauch landete. Sie rollte sich schnaufend ab, und alle klatschten und grölten: "*Bella ist die Räuberbraut – Räuberbraut!*" Erst jetzt kam Tina an, und Bella konnte gerade noch rechtzeitig ihren Fuß wegziehen, bevor Tina elephantenschwer zu Boden ging. Zusammenrücken, Kichern und Getuschel. Dann Knittern und Knistern – "*halt mal die Hand auf!*" – und Bella bekam den Tribut für die Räuberprinzessin: Brausepulver, das sie mit ein bisschen Spucke zum Schäumen brachte. Nun durfte s i e bestimmen, was die Räuberbande spielen sollte. "Klingelstreich!" rief Bella, nachdem sie schön lange das prickelnde Brausepulver aufgeleckt hatte. Mit lautem Gejohle drängte sich einer nach dem anderen heraus, und Bella gewann wieder das Wettrennen, weil sie dem Ausgang am nächsten war. Schwabbel – der rief sowieso immer: "*Wartet doch maaa!*" Aber dafür brachte er auch immer

Bonbons, Salmis oder Brausepulver mit, das er aus dem Hökerladen seiner Mutter klaute.

"Och – schade", protestierte ich, als die Szenerie genauso unerwartet verschwand, wie sie aufgetaucht war. Bella war ein dicker Schweißtropfen ins Auge geklatscht, und sie wischte und schimpfte, schimpfte und wischte. Mittag musste es sein, denn Hitzewellen flimmerten, und mir entschlüpfte ein "Bella im Backofen".

"Iraa!" keuchte Bella nur, schleppte sich in den Schatten eines schiefen Turms und setzte sich erschöpft hin. Erst nach einer Weile ließ ihr Schwindelgefühl nach, und sie trank hastig aus der Wasserflasche.

"Wie lange dauert es noch, bis ich hier rauskomme?" klagte sie, hechelte kurzatmig und wimmerte dann stoßartig: "Ich kann nicht mehr! Ich kann nicht mehr!"

"Ach Bellachen! Ruh' dich doch ein bisschen aus! Dann geht's schon wieder! Nimm mal dein Taschentuch, tauch es ins Wasser und kühle deine Schläfen und Handgelenke!" bemutterte ich sie. Bella folgte brav, jammerte aber noch: "Meine Füße brennen so – ich krieg' keine Luft mehr – ich …"

"Bellaaa! Zieh die Stiefel und Socken aus und schütte dir Wasser über deine Hitzfüße. Aber nur wenig! Hörst du!"

Als Bella auch ihre Füße mit Wasser benetzt hatte und sich dann ausstreckte, atmete sie wieder gleichmäßig und zwischendrin erleichterte sie sich mit tiefen Seufzern. Schlaff lag sie da, die Augen geschlossen und schlug matt nach einer Fliege, die penetrant auf ihrem verschwitzten Gesicht hin- und herkrabbelte. In ihrem Kopf pochte, und vor ihren Augen flackerten mal dunkle

Schlieren, mal verschwommene Lichtkreise. Hurtig nestelte ich ein Buch aus dem Rucksack und fächelte Bella frische Luft zu, fächelte so lange, bis sie sich wieder aufrichtete und lamentierte: "Ira, ich habe Hunger!"

"Bella! Ich kann am Tag nur in Notfällen meine Gestalt annehmen! Und jetzt kannst du dir selber helfen!" wies ich sie zurecht.

"Na ja", lenkte Bella ein. "Ohne dich wäre ich eben bestimmt … na ja, 's ist schon besser."

Bella holte ein paar Kekse hervor, spülte mit Wasser nach, kramte nach der Schokolade und verzog das Gesicht, als sie nur etwas Weiches, Geschmolzenes in die Finger bekam.

"Nun hast du Schokoladenpudding", kam ich ihrem Meckern zuvor.

Bella grinste sogar und meinte: "Heute Abend ist sie wieder eßbar", und zündete sich dann eine Zigarette an. Der Rauch machte ihren Mund und Hals nur noch trockener, aber sie konnte es nicht lassen, zündete sich sogar noch eine zweite am Stummel an!

"Wie kann sie nur?" fragte ich mich, als ich in ein Bild rutschte, in das mich *Traumjoker* hineingeschubst hatte. "Mutti ist wieder da", gluckste die kleine Bella und hörte beruhigt das Anreißen des Streichholzes, sah das Aufflammen und roch den heimeligen Schwefelgeruch, vermischt mit dem Zigarettenrauch und bestaunte das Glühpünktchen, das seltsame Figuren in die Dunkelheit lichtete. "Hi-hooo", rief *Traumjoker* und ich nickte. "Ich hab's. Ja, ja! Ach so …" *Traumjoker* machte mir eine lange Nase und wirbelte davon.

"Wenigstens eine kleine Brise", hörte ich Bella wieder und war erstaunt, dass sie aufbruchbereit zum Himmel hochschaute.

"Nur Mut! Nur Mut!" wollte ich sie in Schwung bringen, aber Bella zögerte noch so lange, bis es hinter ihr wieder gefährlich lärmte.

"Bloß weg hier!" war der Auftakt zu einem beschwerlichen Marsch über einen Pfad voller spitzer und großklotziger Hindernisse. Ein Pfad, der sich schmaler und schmaler zusammenzog und die Metallwände näher und näher zusammenrücken ließ – als wären sie ein Schraubstock, der Bella unerbittlich zerquetschen würde.

Bella keuchte vorwärts und schrie auf, als sie hinter einer Biegung einen Platz sah. Denn er war nicht leer! Nein! Er war unpassierbar. Ein Riesenrad versperrte den Weg! Quietschend drehte sich dieses Ding und an der Mittelachse hing ein großes Schild, das bei jeder Bewegung hin- und herschlenkerte. "*Leiste erstmal was*" stand da in dicken, schwarzen Lettern.

"Ira!" schrie Bella auf und deutete auf das Rad.

Da rannte ein Mann wie ein Hamster in der Rolle! Auf allen Vieren rackerte er sich ab, schob hektisch seine Brille hoch, stolperte dabei und rutschte das kleine Stückchen, das er sich hochgearbeitet hatte, wieder hinunter. Unablässig versuchte er es von neuem und röchelte: "Das schaff' ich auch noch! Ich werd's euch zeigen! Zeigen werd' ich's euch!"

"Ira – aber warum steigt er denn nicht aus? Das Rad ist doch offen an den Seiten", fragte mich Bella fassungslos. Doch bevor ich antworten konnte, stob Bella davon und streckte ihre Hand aus, um das Rad anzuhalten.

140

Da stand sie nun, mitten in der Bewegung erstarrt und stierte verwirrt auf den leeren Platz. Schlotternd zog sie ihre Hand zurück und sagte kläglich: "Ira – ich glaube, das war mein Vater. Aber ich konnte sein Gesicht nicht sehen!"

Bella ließ sich da fallen, wo sie gerade war, steckte sich eine Zigarette an und lehnte sich kraftlos an ihren Rucksack. Die Nachmittagssonne war noch immer schweißtreibend. Bald hielt es Bella nicht mehr aus und stemmte sich mühsam wieder hoch.

"Rechts entlang! Rechts!" rief ich ihr zu, und sie machte eine Kehrtwende und schleppte sich weiter: einen Fuß vor den anderen, mit kleinen, unsicheren Schritten. Sie versuchte nicht einmal, sich Stirn oder Nacken trocken zu wischen. Ihre Lippen wurden spröde und rissig, der Salzgeschmack betäubte ihre Zunge, und sie krümmte sich unter dem Rucksack, bewegte sich wie ein Marschroboter. Das kleine Lüftchen erleichterte sie auch kaum.

Als die Abendsonne hinter einem Dunstschleier verschwand, knickte der Pfad plötzlich um einen mannshohen Berg aus großen, zahnrädrigen Achsen und verlief sich in eine versteppte Fläche aus verbranntem Gras, gescheckt und gesprenkelt von unzähligen Huckeln und Ablagerungen.

"Bella! Wir haben es geschafft! Geschafft! Schau doch!" rief ich aufgeregt.

Bella streckte sich ächzend und blieb erst nach einigem Trampeln stehen. Sie schwankte hin und her, hielt sich aber wacker auf den Beinen und reckte ihr Gesicht in den Wind.

Weit hinten, am Horizont, wie Dünen, die Sandberge, hinter denen die Sonne wegsackte, nachdem sie mit ihren letzten Strah-

len auf einer riesigen Wasserfläche am Fuß der Sandberge glei-
ßende Feuergarben angesteckt hatte.

"Das muß der Schlammsee sein", fachsimpelte ich.

"Ira", sagte Bella nur matt, "jetzt bist du dran – such' bitte
einen Schlafplatz!"

"Ja, ja, mein armes, müdes …"

"Iraaa!" schrie Bella auf, und ich machte mich schleunigst im
Zwielicht ans Auskundschaften.

Als ich zurückkam, sah ich schon von weitem Bellas Glimmer-
zigarette und konnte sie nur mit Müh und Not überreden, aufzu-
stehen und mir in eine windgeschützte Mulde zu folgen.

Schließlich lag sie auf ihrem ausgebreiteten Schlafsack und
wartete auf das Abendsüppchen. Als Nachtisch gab's die wieder
hartgewordene Schokolade, Tee und Kekse. Bella regte sich nicht
mal darüber auf, dass das Wasser nur für eine Katzenwäsche
reichte.

"Ich bin auch in einer Hamsterrolle", sagte sie düster, als sie
das letzte Restchen Schokolade mit Tee hinuntergespült hatte.

"Nein Bella! Du bist auf dem Weg nach Süden, um das zu le-
ben, was in dir steckt, was sich verwirklichen möchte! Ich weiß –
leicht ist es nicht gerade, aber vielleicht treffen wir morgen "**Mei-
ne Oper**" und der …"

"Vielleicht – vielleicht aber auch nicht. Und wie komme ich an
"**Greifzange**" vorbei? Das ist doch alles so schrecklich, so …",
schluchzte Bella auf.

"Ach, Bellachen, lernen ist am Anfang immer schwer und doch
auch aufregend – rundum lebendig sein! Weißt du noch, wie du
Laufen gelernt hast? Wie schwer das war, und jetzt denkst du

nicht mal daran, jetzt ist's selbstverständlich für dich! Mach nur die Augen zu!"

Bella tat's widerwillig, aber dann blies sie überrascht die Luft aus: Da kroch die kleine Bella auf allen Vieren über einen rubbeligen, bunt gemusterten Teppich, den Windelhintern hoch gestreckt und krähte vergnügt, als sie sich an einem dicken Stuhlbein hochziehen konnte und nun breitbeinig und schwankend aufrecht stand! Dann ließ sie los, drehte sich und setzte den rechten Fuß auf. Plumps! landete sie auch schon auf dem Podex, ein dumpfes Vibrieren kroch ihren Rücken hinauf. Brabbelnd zerrte sie den linken Fuß frei – ein Stückchen auf allen Vieren – ganz schön schnell! – und wieder zog sie sich hoch, diesmal am niedrigen Tisch. Plumps! So wiederholte sich das viele Male, bis die kleine Bella schwankend auf ihren beiden stämmigen Beinchen stand, einen Schritt vorwärts machte und noch einen, innehielt und laut "ga! ga!" rief. Noch einen Schritt und das "ga! ga!" wurde schneller und schriller. Mutter eilte herbei, und ihre Brille blitze auf, als sie rief: "Nein so was! Schau doch mal! Laufen kann unsere Bella! Ganz alleine! Gute Bella! Komm! Komm zu Mammi!" Und Bella schob das rechte Beinchen vor. Hoppla! Grad noch rechtzeitig den Fuß aufgesetzt! Wackelpause. Dann das linke Beinchen und dann das rechte, das linke … Vaters lautes Lachen überraschte sie so, dass die Welt wieder schwankte, bis sie sich in den Armen ihrer Mutter wiederfand, die sie hochhob, warm abküsste und stolz girrte! Dann schaukelte sie auf Vaters muskelhartem Arm, roch den Vaterduft, wurde wieder auf den Boden gestellt und ging an Vaters Hand durchs ganze Zimmer.

Bella wurschtelte sich in ihren Schlafsack, holte tief Atem und überließ sich nun dem wohligen Gefühl der kleinen Bella, auf eigenen Beinen zu stehen und zu gehen.

So schlief sie ein. Ich räumte auf und gesellte mich zu ihr, als sie in ihrer Traumbarke über diamantenes Wasser glitt, dahinströmte durch Mosaiklandschaften, die sich zu immer neuen und erstaunlichen Farbformationen zusammenfanden, als hätte Bella Kunterbuntaugen. Leise klingende Musik begleitete uns, und ich stimmte dazu ein Traumländer Freudenlied an. Friedlich träumten wir uns aus, bis ein Nachtvogel mit knarzendem Flügelschlag dicht über Bella dahin schoß. Unruhig flatterten Bellas Augenlider, aber ich summte sie wieder in den Tiefschlaf zurück.

Doch nun standen wir vor einem klotzigen, flachen Gebäude mit Glasschwingtüren. Leute gingen ein und aus, mit Einkaufstüten bepackt oder mit leeren Taschen und Netzen schlenkernd. Scherenschnittsilhouetten, die sich ruckartig wie in alten Stummfilmen bewegten. über dem Eingang eine Leuchtreklame mit dem Werbespruch **"IHR EINKAUF FÜR'S LEBEN"**.

Bella drängte sich in dieses sonderbare Warenhaus, tastete nach dem Stankstopp, als sie ein schaler Verwesungsgeruch wie Rauchschwaden einhüllte. Sie fand aber nur ihren Einkaufszettel, schnappte sich schnell einen Einkaufswagen, quetschte sich durch das Drehkreuz und keuchte an endlosen Regalen entlang.

Sie las laut auf ihrem Zettel: "*faszinierende Ausstrahlung*" und schaute sich suchend um. In einer Grabbelkiste fand sie einen großen Handspiegel, der von drei Lichtketten umrahmt war, die aufleuchteten, als Bella hineinschaute und ihr eine strahlende Lächlerin zurückwarfen. Als sie den Spiegel sinken ließ, erloschen sie, blitzten aber wieder auf, als sich Bella den Spiegel vor ihr verkniffenes Gesicht hielt. Mit einem "prima" legte Bella ihn in den Einkaufswagen, schob eilends weiter und rannte fast eine große Reklametafel um, auf der sich der Gaukler, von dem sie so geschwärmt hatte, einer Frau mit Kußmundlippen zuwandte. **"Kaufen auch Sie unser Liebestuch, und man wird Sie nie vergessen!**" ertönte eine verheißungsvolle männliche Stimme, als Bella in den Warenkorb griff, herumfingerte und schließlich ein grelles, hauchdünnes Gespinst hervorzog, kokett überwarf und sich in ihrem eben erstandenen Spiegel prüfte, ihn dann triumphierend weglegte, als er wild sprühend aufblinkte. Der Gaukler drehte sich Bella mit einem Verführerlächeln zu, als sie das Tuch um ihre Schultern drapierte. Sie kam erst zu sich, als das **"Kaufen auch Sie unser ..."** wieder in ihre Ohren drang und sie aus dem Augenwinkel zwei grabschende Hände in den Tüchern wühlen sah.

Schnell machte Bella kehrt, ließ ihr Tuch in den Einkaufswagen gleiten, wo es sich über dem Spiegel zusammenschlängelte. Sie hastete an Regalen mit großen Dosen und 5-kg-Paketen vorbei, auf denen sie lesen konnte **"EIN TOLLER KERL"**. Sie lachte hämisch, als – je schneller sie ausschritt – nur noch ein " ... **OLLER KERL"** – **"... KERL"** übrig blieb.

Bella bog um eine Ecke und stieß beinahe mit einer Frau zusammen, die sie durch eine runde, dunkle Brille anglotzte und dann mit ihrem vollgestopften Einkaufswagen zur Seite drängte. "Wie unsere blöde Nachbarin", schimpfte Bella, kramte nach ihrem Einkaufszettel, warf einen schnellen Blick darauf und eilte weiter. Die lange Reihe der Drehständer mit den Standard-Brillenmodellen würdigte sie nur eines verächtlichen "mit mir nicht" und brachte einen Ständer durch einen verstohlenen Fußtritt zum eiernden Kreisen. Dann latschte Bella ziellos mal an aufgeschichteten Päckchen, mal an aufgereihten Tüten vorbei, bis eine große, fluoreszierende Hand mit ihrem **"GREIF ZU"** sie neugierig machte. **"NOCH NIE WAREN GEFÜHLE BILLIGER"** versprach ein bedrucktes Band.

Bella strich mit dem Zeigefinger an den glatten Flaschen entlang, die auf mattgoldenen, samtblauen, wiesengrünen oder sattroten Etiketten **"LIEBE"** – **"SELBSTVERTRAUEN"** – **"FREUNDSCHAFT"** – **"HOCHSTIMMUNG"** verkündeten. Bella stapelte gleich drei von jeder Sorte in ihren Einkaufswagen und trällerte dabei: "Drei sind aller guten Dinge!"

Nach längerem Umhersuchen sah sie Kleiderständer, über denen wippende Schilder anpriesen: **"KEINER MUß MEHR SEIN MÄNTELCHEN NACH DEM WIND HÄNGEN! KAUFEN AUCH SIE SICH EINE STARKE PERSÖNLICHKEIT!"** Bella probierte gut gelaunt einige Mäntel an und entschied sich dann für ein langes, geometrisch gemustertes Cape mit schweren Schulterstücken und einem durch eingenähte Eisenkügelchen beschwerten Saum. Es umhüllte Bella, ohne aufzuklaffen, wenn sie sich unvermittelt drehte und wendete. Immer tadellos geschlossen! Bella behielt das Cape gleich an, zeigte sich lässig schlendernd dem imaginären Gaukler und sah sich selbst als eine Diva. Sie hielt erst wieder inne, als silbrige Großbuchstaben **"WAS BESONDERES**?" in ihr Blickfeld signalisierten.

Halsketten mit ungewöhnlichen Anhängern baumelten auf Naben, die sich zu einem schimmernden Rad rundeten. Bella nestelte hier eine Kette heraus und hielt sich ein Medaillon an die Brust, da eine mit drei kleinen Mondsicheln und fühlte sich mit jedem

Anhänger anders: mal als Madame Pompadour, mal als Scheherezade und entschied sich nach langem Zögern für ein Federngebilde, dessen Schildchen "**SCHWANENGLEICH**" verhieß.

Bella legte es gleich um ihren Hals, holte im Vorbeigehen noch eine Tube "**NIE WIEDER SCHÜCHTERN**" aus einem Regal und warf schwungvoll die größte Tüte, die sie in einem freistehenden Kasten für Sonderangebote gefunden hatte, zu ihren Einkäufen. Die Schminkartikel in der Tüte klapperten beim Aufprall und das Etikett "**FRANK UND FREI**" knitterte ein.

Bella wollte gerade zum Ausgang, als sie nochmals ihren Einkaufszettel hervorzog und stirnrunzelnd "*Dichterin*" las. Sie kämmte das Kaufhaus durch: spähte hierhin und dorthin, fuhr mit Rolltreppen rauf oder runter und fand sich schlussendlich ärgerlich neben einer Kasse wieder. "*Dichterin*" gab's hier nicht!

Vor den Kassen – es mußten hunderte sein! – lagen Bonbontüten zu kleinen Pyramiden geschichtet und ein Plüschpapagei davor krächzte immer wieder: "**Nimm's leicht!**"

Neben der ersten Kasse waren kleine Käfige wie Dominos übereinander gestapelt. Hamster rannten in ihren Rollen oder drückten rosa Schnäuzchen gegen Käfigglaswände.

"Stellen Sie sich nun an, oder was?" keifte eine wütende Stimme hinter Bella, und die Frau von vorhin schubste sie ungeduldig Richtung Kasse.

Bella war zwischen deren Einkaufswagen und dem Laufband der Kasse eingeklemmt und schrie entrüstet: "Immer nur zahlen! Zahlen! Nichts gibt's umsonst! Wer nichts leistet, der …"

"Ja, wo sind wir denn hier!" zeterte die Frau. "Fräulein! Fräulein! Rufen Sie die Aufsicht! Aufsiiiicht!"

Bella manövrierte brutal ihren Einkaufswagen frei, schob ihn mit scharfem Ruck nach rechts zum Ausgang, hörte noch die Frau schrill aufschreien, als sie an deren Hacken rumpelte und rannte dann los.

Aber am Ausgang waren schon Uniformierte postiert. Hektisch kurvte Bella zurück, drängelte an Menschenschlangen vorbei – Kassen, Kassen, nur Kassen! Bella bog wieder in die Auslagengänge ein, als eine Meute "Haltet den Dieb!" geifernd hinter ihr herstürmte. So schnell sie auch lief: die Verfolger kamen näher und näher, die Schreie wurden lauter, heiser drohend – gewalttätige Hände packten sie …

"Nein!" schrie Bella und schreckte zitternd hoch. Der Nachtwind lispelte im dürren Gras und strich eiskalt über ihr verklebtes Gesicht.

"Ein schönes Geschenk, das Leben!" schluchzte Bella auf und plötzlich saßen wir in einem zugigen Kirchenschiff und eine Stimme hallte: "*Das Leben ist ein Geschenk und niemand – niiiemand sage ich – darf es frevelhaft wegwerfen!*"

Bella schüttelte so lange aufheulend den Kopf, bis sie nur noch das Ödland um sich sah.

"Hier, Bellachen, schnäuz' dir erstmal die Nase", sagte ich begütigend und wischte ihr auch schon vorsichtig die Tränen weg.

Bella aber grabschte wütend nach dem Taschentuch, riß am Reißverschluss, schüttelte die Schlafsackkapuze herunter und rubbelte an ihrem Gesicht herum.

"Geschenk! Geschenk!" fauchte sie und kommandierte dann: "Ira! Meine Zigaretten!"

"Sachte! Sachte! Meine Liebe, ich kann doch nichts dafür …"

"Ich bin nicht deine Liebe! Gib schon her!"

"Besser Wüterich als Jämmerling!" pfiff ich vor mich hin und schaute Bellas gierigem Paffen zu. Nach der zweiten Zigarette konnte Bella wieder durchatmen und schaute zum Sternenhimmel hoch. Das Flimmern und Schimmern machte ihre Augen müde. Sie rieb sich den steifen Nacken und warf noch einen letzten Blick in die Runde, bevor sie verschreckt ausrief: "Ira! Was ist das denn?"

In der Ferne, wohl über dem Schlammsee, pulsten irisierende Lichterfunken, gruppierten sich, flossen wieder auseinander und schienen wie ein Pfeil auf Bella zuzugleiten.

Das Frösteln wurde zum eiskalten Rieseln und Bella verkroch sich zähneklappernd in ihren Schlafsack.

"Ira? Kommen sie?"

"Nein! Nein! Das sah nur so aus! Das muss mit dem Wasser zu tun haben", beruhigte ich sie, behielt aber diese Merkwürdigkeit scharf im Auge. Doch nur eine Weile, denn Bella lag schlotternd da, lauschte immer wieder mit angehaltenem Atem in die Nacht hinaus und hielt sich den Bauch, weil es darin stach und wühlte. Schnell! Schnell! Ein paar Traumwiegenlieder! Ich sang so lange, bis ich Bellas ruhige Atemzüge hörte und wollte ihr gerade einen besonders schönen Traumvogel schicken, als sie mir auch schon entwischt war.

Bella stand vor einer hoch getürmten schwarzen Mauer in einem schaurigen Feuersbrunstlicht. Sie tappte an der Mauer entlang und stieß durch zusammengebissene Zähne hervor: "Der Ausgang! Wo ist der Ausgang?"

Die Steinwand wölbte sich zu zwei Gesichtern: Mutter und Vater.

Bella trommelte mit ihren Fäusten auf die harten Münder, sprang hoch, versuchte, die Nasenspitzen abzuhauen und taumelte rückwärts, um in die Brillen zu sehen, die sich weit oben im Dunst verloren. Bella sackte zusammen, kniete dann vor der Mauer, schlug den Kopf dagegen – dumm – dumm – dumm- und klagte: "Keiner will mich! Keiner hat mich lieb! Niiiiemand!"

Mir wurde jammerschwarz vor Augen! Nur weg von dieser Klagemauer! Weg! Weg!

Aber Bella blieb wie festgenagelt! Wie ein Gong echote ihr Kopf gegen das Gestein, albtraumewig, bis die geröchelten Worte zu einem Klagelied, einer Klagesymphonie anschwollen.

Sachte kam *Oberwolkenschieber* herangeschwebt, dirigierte, sein Lachen wie Paukenschläge, hob Bella dann zu sich hoch, schob den Basaltgesichtern die Brillen auf die Stirn, flog dann mit Bella durch Mutters rechtes Auge in einen blauen Himmel und ließ Bella in eine daunenweiche Wolke gleiten.

Da lag sie nun wie in ihrem Babykörbchen und schaukelte sanft.

Bellas Gesicht entspannte sich, sie machte selig Saugbewegungen mit dem Mund, schmatzte und streckte sich in ihrem Schlafsack aus. Ich juchzte ein Loblied auf *unseren Verwandlungskünstler, den hoch geträumten Oberwolkenschieber!*

13

Noch im Morgengrauen machte ich mich auf die Suche nach Wasser. Keine traumlang weit fand ich gutes Regenwasser, füllte die Flasche, schleppte einen großen, nur rostfleckigen Topf voller Wasser herbei, machte den Abwasch und bereitete das Frühstück vor.

Traumleicht trällerte ich vor mich hin und war stolz auf mich: was so eine echte Traumländerin ist, die träumt nicht nur vor und mit und hinein, sondern bringt auch Handfestes zustande! Jedenfalls für ihre gebeutelte und geschüttelte Tagländerin!

Bella kroch nur langsam die Aufwachleiter hoch, riß dann aber erstaunt die Augen auf, als der Kaffeeduft ihre schlaftaube Nase lockte.

"Ira! Du hast ja schon alles fertig! Und Wasser ist auch da!" rief sie glücklich, strampelte sich aus dem Schlafsack, glitt in die Gummistiefel, hoppelte ein stückweit und hockte sich dann hin.

"Aah", hörte ich sie dann und gleich darauf: "Iralein, könntest du mir mal das Papier bringen? Tut mir leid, hab's vergessen, war so dringend …"

"Schmeichelkatz'", murrte ich, kugelte ihr aber die Klopapierrolle hin.

Bella wusch sich ausgiebig, prustete und platschte und meinte quietschvergnügt: "Nichts geht über ein Morgenbad. Wäscht du dich nie?"

"Bella, du weißt doch, dass unsereins…"

"Na, da entgeht dir was!" antwortete Bella fröhlich. "Aber dafür musst du auch nicht schweißverkrustet herumlaufen wie ich. Eeeklig! Als wäre man zugeschmiert!"

Bella zog frisches Unterzeug an, wusch das alte im Restwasser und legte es zum Trocknen ins Gras. Dann schmauste sie, schwärmte mir wieder von "ihrem" Gaukler vor und beschrieb ihn so lebhaft, dass ich ihn direktemang vor mir sah. Bei der Morgenzigarette wurde sie still und meinte dann leise: "Hoffentlich wird es nicht wieder so ein schlimmer Tag und so eine schlimme Nacht!"

"Ach Bella, leider kann ich dir nichts ersparen, nur erleichtern", antwortete ich bedauernd. Bella erwiderte nur kleinlaut: "Wat mutt, dat mutt!"

"Aber du bist ja fast mein Heinzelmännchen, und *Oberwolkenschieber* ist unsere gute Fee!" raffte sie sich auf.

"Feen, Heinzelmännchen – wer sind die denn?" fragte ich und Bella erzählte mir Geschichten aus Kindertagen. Dabei glänzten ihre Augen. Sie schaute andächtig vor sich hin und steckte sich nicht mal eine zweite Zigarette an.

Der Wind war abgeflaut, es wurde heißer, aber die Sonne blieb ein mattrotes Brunnenloch im diesigen Himmel.

Bella horchte auf die vieltönenden Geräusche, blickte erleichtert zum Metall-Labyrinth zurück, spähte kurz über die Schulter zu den massigen Sandbergen und fragte: "Was waren das nur für Lichter heute Nacht?" als sie zusammenzuckte. Denn ein geschmettertes "**so-la-si-dooo – soholaha-sihihi-i-dooo**" unter-brach unser beschauliches Zwiegespräch.

Eine vogelscheuchenartige Gestalt kam hinter einem Rostturm hervor, fuchtelte und gestikulierte – nein, dirigierte – sein unsichtbares Orchester, wäre glatt an uns vorbeigelaufen, hätte ihn nicht der Kaffeeduft alarmiert.

"**Doho-rehe-miii**" triolierte er noch, klappte aber dann seinen Mund zu und pirschte sich vorsichtig an.

Ich verträumte mich schnell, denn wir wollten ja "**Meine Oper**" nicht erschrecken. Denn nur der konnte es sein, oder?

"Bist du "**Meine Oper**"?" fragte Bella auch gleich.

"Ja, ja, meine Oper ist meine Himmelsmelodie! Pauken und trompeten, geigen und schalmeien, sopranen und bassen soll sie!" rief er begeistert, wurde dann misstrauisch und wollte wissen: "Woher kennst du denn meinen Namen?"

"Von der Kunni! Und ich soll schön grüßen!" beschwichtigte ihn Bella. "Willst du nicht 'nen Kaffee mit mir trinken?"

"Kaffee? Richtiger Kaffee?" wunderte sich "**Meine Oper**".

"Ja, ja! Nur herbeispaziert, "Herr Komponist"!" bekräftigte Bella und machte eine Einladungsgeste.

"Och, Komponist, aber Fräuleinchen…", zierte er sich, knickte dann aber zusammen, drapierte seine langen Gliedmassen zu einer würdigen Pose und schlürfte gar nicht etepetete seinen Kaffee.

"Ach – oh – mmh! So ein gutes Gebräu! Und Komponist hat mich noch nie einer genannt!" haspelte er und fuhr fort: "Der dritte Akt wollte nicht so recht harmonieren, aber heute morgen …" Ein Redeschwall ergoß sich nun über Bella und es verschlug ihr glatt die Sprache.

Mittendrin brach "**Meine Oper**" ab und fragte: "Ach, die Kunni! Wie geht's ihr denn?"

Bella hatte grad ein paar Worte losgelassen, als "**Meine Oper**" auf seine Ouvertüre zu sprechen kam. Nach einer Weile fädelte Bella ein Händeklatschen ein und sagte: "**Meine Oper**"! Weißt du, was das für Lichter sind, da hinten, vielleicht auf dem Schlammsee?"

"Lichter? Lichter. Ach so, die Irrlichter meinst du. Ja, ja, die wirbeln über den Schlammsee. Von nah sieht's aus, wie jemand mit 'ner Laterne. Aber aufgepasst! Folgst du ihnen, sinkst du in den Schlamm und bleibst stecken oder wirst weggeschluckt – auf Nimmerwiederleben! Ja, ja! Aber wo willst du denn hin, Mädelchen?" nuschelte "**Meine Oper**" und sah ihr aus seinem verwitterten Gesicht verwundert in die Augen.

"In den Süden! Und Kunni sagte, du kannst mir den Weg erklären. Du bist ja weit rumgekommen!"

"Ja, ja. Rumgekommen und abgekommen. Tja, ja. Zweimal habe ich mich fast bis zum Südtor durchgeschlagen. Jedes Mal bin ich geschnappt worden. War schon zu alt und klapprig. Oder vielleicht zu sehr mit meiner Oper beschäftigt. Wer weiß. Aber nun hab' ich meinen Frieden! Meine Oper kann ich auch hier komponieren, und wenn sie fertig ist, schmuggele ich sie zu meinem Musikerfreund in die Stadt. Der wird sie aufführen lassen! Der bestimmt! Und dann werden sie mich in Glanz und Gloria wieder hereinbitten – in ihre Stadt! Ja, ja, meine Oper wird **IHNEN** noch …"

"Kannst du mir den Weg nicht mal erklären?" unterbrach ihn Bella und schon nickte "**Meine Oper**" und begann wie in Achtelnoten.

"Halt! Wart' ma! Ich schreib' lieber mit!" bremste ihn Bella, zog hastig ihr Notizbuch hervor und kritzelte so schnell es ging mit. Sie konnte sogar noch ein "und was ist mit **Greifzange**?" einschieben, bekam prompt in stakkato Ratschläge und allerlei praktische Tipps: wo es Wasser, Schlafplätze, Pfade, eine Barke und eine Art Brücke gab.

"So!" beendete "**Meine Oper**" seinen Schnellkurs und modulierte im Falsett: "*do* – der Schlammsee, *re* – die Sandberge, *mi* – das Baggerloch, *fa* – der Baggersee, *so* – das Matschmoor, *la* – die Oase, *si* – ... *doooo* – das Haus der Weisen Frau."

"Danke! Danke! Du bist der reinste Opernstar!" rief Bella überschwänglich, beugte sich hinüber und umarmte ihn.

"**Meine Oper**" zog den Hals ein und schob die Schultern hoch. Doch dann drückte er Bella ungeschickt, murmelte: "Viel Glück, viel Glück, Mädelchen! Nun muß ich aber! Heute ist ein guter Tag für meine Oper: keine Ohrwürmer, nur reine, klare Melodien!" Sprach's, faltete sich auseinander und stakste, schon wieder gestikulierend, davon.

Bella schaute ihm nach, bis er hinter rostigem Gestänge verschwand. "Hoffentlich kann ich alles wiederlesen", meinte sie dann und machte sich weniger ängstlich startklar.

Sie hängte ihre halbtrockene Wäsche an den Rucksack und marschierte los, setzte geübter ihre Füße, trug geschickter ihren Rucksack. Doch das bemerkte Bella gar nicht. Sie fühlte sich nur kräftiger und ein wenig unternehmungslustiger. Sie dachte gerade: "Bis jetzt ist mir nichts passiert, und immer habe ich zur rechten Zeit Hilfe gefunden! Nicht so, wie in der Stadt, wo niemand da ist, wenn man jemanden braucht! Niemand! Niemand hat keine

Augen. Niemand hat keine Ohren, keine Nase, keinen Mund, keine Arme, keine Beine! Niemand ist mein Dämonium. Ha!" Sie freute sich über ihre Niemands-Idee, und am liebsten hätte sie sich hingesetzt und es in ihr Tagebuch geschrieben. Später! Sie musste bis zum Abend an den Sandbergen sein, denn beim Schlammsee und seinen Irrlichtern wollte sie nicht übernachten.

Das Klicken bohrte sich lautstark in Bellas Ohren. Es gelang ihr zeitweilig, das Getöse zu überhören, aber dann wurde es wieder zur Dauerpein, und sie fühlte sich hilflos, ausgeliefert.

Nach etwa zwei Stunden legte Bella eine kurze Rast ein, kühlte sich das erhitzte Gesicht, nahm einen kleinen Imbiss und stopfte sich dann Watte in die Ohren. Während sie ihre unvermeidliche Zigarette schmökte, genoss sie das Abflauen der Lärmqual, fand es aber unheimlich, dass sie nun fast nur noch das Klopfen ihres Blutes wahrnahm und wie das Einziehen des Zigarettenrauches in ihrem Kopf hallte.

Auch das Geräusch ihrer Schritte umgab sie, als ginge sie unter einer Glocke. Bella fragte sich gerade besorgt, ob sie hören würde, wenn Gefahr im Verzug sei. Nein! Denn ein drohendes "He! Sie da! Sie laufen in meinem Kreis!" überraschte sie derartig, dass sie schreckstarr stehenblieb. Erst als ein krächzendes Gelächter folgte, drehte Bella sich um, bereit, sofort wegzurennen.

Ein buckeliger Alter in einem zerfransten Mantel, formlosen Stiefeln und einer ausgeblichenen Matrosenmütze schritt gravitätisch auf sie zu, ein verdorrtes, gegabeltes Etwas mit ausgestreckten Armen vor sich haltend.

"Hi! Hi! Sie wird schon anschlagen, meine Wasserrute! Lacht nur! Lacht nur! Ich finde noch Wasser! Meine Wünschelrute lässt mich nicht im Stich, mich nicht! Nur schön einen Kreis nach dem anderen, bis sie eingekreist ist, die Wasserader!"

Sein Gelächter schüttelte ihn so sehr, dass die Rute auf- und niederzuckte. Bella sprang zur Seite, als sie der Kreisgänger fast erreicht hatte. Er strich dicht an ihr vorbei, schrie: "Weg! Weg – weg aus meinem Kreis!" und schaute Bella nicht einmal an. Nur ein säuerlich-schaler Geruch blieb bei ihr hängen.

Bellas Knie zitterten so arg, dass sie sich hinsetzen musste. Sie starrte dem Kreisgänger hinterher, zog sich die Watte aus den Ohren, lauschte diesem Kreissägenlachen und beschloß dann, die Watte lieber wegzustecken.

"Immer was los hier, Ira", sagte Bella tapfer, und ich meinte: "Sei froh, dass du auf so einen friedlichen Irren gestoßen bist!"

"Gestoßen! Der hätte mich fast umgerannt!" empörte sich Bella und wühlte eine Zigarette heraus.

Als sie nur noch das Klicken hörte, rappelte sie sich hoch. Sie stapfte voran, immer auf den letzten, rechten Sandberg zu. Noch einmal machte sie halt, stopfte ihre getrocknete Wäsche in den Rucksack und zerrte ein Tuch heraus, das sie sich um die Stirn band. Verbissen ging sie weiter, unter einem niedrigen Deckelhimmel, in der beißenden, trockenen Luft.

Gegen Mittag kam die Fläche des Schlammsees in Sicht, die wie schwarzes, poliertes Glas eher einer riesigen Platte glich, als einem ehemaligen Baggerloch. Bella ignorierte dieses Drohauge, solange sie konnte, stierte vor sich hin oder sah kurz zu ihrem Zielpunkt hoch. Zwischendrin pfropfte sie sich doch wieder Watte in die Ohren.

Gerade überlegte sie, ob sie eine Mittagspause einlegen solle, als vor ihr quirlendes Weiß in Bewegung geriet. Beim Näherkommen drangen unzählige, langgezogene Möwenschreie in ihre behüteten Ohren. Als sie probeweise ein Wattebäuschchen lockerte, überwältigte sie das Vogelgegelle. Auf und ab flogen, kurvten, flatterten, schrillten und kreischten massenhaft Möwen vor ihr. So weit sie sehen konnte: nur dieses wirre Wogen, als sei sie an einen Luftfischeschwarm geraten.

Hindurch oder einen weiten Umweg machen?

Bella stöhnte auf. Was machten dieses gefiederten Irrwitze hier? Der Marsch war sowieso schon schlimm genug! Langsam und ruhig wollte sie durchatmen, als sie bemerkte, dass sie hechelte wie ein Hund. Atemholen, einen Schritt vorwärts, ausatmen, Atemholen … und dann trat sie in dieses Gewirbel, beugte sich tief hinunter, pflügte durch das Gemenge, kam nur langsam voran, von harten Flügelschlägen und Schnabelhieben an Kopf, Schultern und Armen fast um ihr Gleichgewicht gebracht. Das ohrenbetäubende Kreischen kreiselte in ihrem Kopf, schneller und schneller, bis sie den Mund aufriß und selber schrie, brüllte. – Aber ihre eigene Stimme hörte sie nicht. Sie strauchelte, fing sich im allerletzten Moment, versuchte, zu rennen, aber die Vogelleiber bildeten eine zähe, brodelnde Barriere.

Bella zitterte vor Anstrengung, und ich skandierte nur monoton: "Weiter Bella! Weiter! Weiter!"

Als wären wir aus Zeit und Raum herausgefallen!

Nach langem Kämpfen lichtete sich das Gewühle. Bella konnte größere Schritte machen, trampelte mit letzter Kraft vorwärts, stolperte, schlug hin und hielt sich schützend die Arme über den Kopf.

Aber sie war auf dürrem Grasboden gelandet. Die Möwenmeute wurde nach und nach Hintergrund, und nur noch vereinzelte Möwen kreisten über ihr. Bella weinte vor Erleichterung, lag da, das Gesicht an die warme Erde gedrückt, wie taub und gefühllos. Allmählich nur kehrten ihre Lebensgeister zurück. Auf allen Vieren kroch sie davon, richtete sich nur nach und nach auf und taumelte weiter, immer weiter, bis ihr die Knie wegknickten und sie erneut hinfiel. Sie blieb dumpf liegen, aber ihr Atem beruhigte sich, und sie sackte in einen Erschöpfungsschlaf nieder.

Als Bella aufwachte, war es schon längst Nachmittag.

"Ira! Warum hast du mich so lange schlafen lassen. Ich muss doch bis zum Abend …", stammelte sie.

"Ach Bellachen! Komm' erst wieder zu dir und stärke dich, dann kommst du auch schneller voran!" beruhigte ich sie.

Bella befreite sich von ihrem Rucksack, aß, trank und rauchte, mit dem Rücken zum Möwengrusel. Sie schluckte hastig, rutschte ruhelos von einer Seite zur anderen und war bald wieder auf den Beinen.

Wir näherten uns dem Schlammsee, mussten aber noch eine gute Weile gehen, bis wir an sein vermodertes Ufer kamen. Bella zog den Stankstopp heraus und presste ihn an die Nase. Mückenschwärme fielen über sie her, und bald war sie zerstochen und verschwollen, schlug um sich und rieb schimpfend die vielen juckenden Stellen. Ab und an platschte ein Wasservogel laut auf. Zusammenzuckend und mit gehetzten Schritten arbeitete sie sich vor, doch der See wollte und wollte kein Ende nehmen.

Es dämmerte bereits, als endlich das Schlammufer am Fuß der Sandberge in Sicht kam. Das Klicken brach endlich ab, und Bella hörte nur noch das Rauschen ihres Blutes. Aber erst nach einiger Zeit befreite sie ihre verstopften Ohren und horchte schreckhaft auf all die schwachen Geräusche um sie her, die für sie aber laut und grell waren. Das Glucksen und Schwappen des Wassers, das Tappen und Knirschen ihrer Schritte, das Zischeln und Wehen wurde erst allmählich zur normalen Lautstärke.

"Gleich geschafft!" feuerte ich Bella an.

Bella legte Tempo zu. Sehnsüchtige Bilder des Schlafplatzes, von dem ihr "**Meine Oper**" erzählt hatte – "keine 10 Minuten weit vom Schlammsee" – schwirrten durch ihren Kopf. Abrupt brach ihre Vorfreude zusammen, als ein pulsierendes Licht auf sie zuschwebte. Sie konnte ihre Augen nicht abwenden, und mein warnendes "Bella"-Rufen erreichte sie nicht mehr.

Bella blieb stehen und erwartete eine Kapuzengestalt, die eine irisierende Laterne vor sich herschwenkte.

"Suchst du nicht den Zauber gegen den "Bösen Blick"?" wurde sie einschmeichelnd angeredet.

BLICK – Mutters Blick – Zornesblick – Bannblick – Eisesblick – Drohauge – Drohauge!

Die Gestalt blieb in einiger Entfernung stehen und schwenkte ihre Laterne – hin und her – hin und her. Dann drehte sie sich um, winkte Bella, und die Laterne pendelte dazu hin und her – hin und her.

"Komm! Komm nur! Der Zauber – Zauber!" warb die Schmeichelstimme.

Bella setzte sich schlafwandlerisch in Bewegung und folgte diesem lockenden Licht, näher und näher ans Wasser. Der See lag wie eine schlunddunkle, geweitete Iris in seinem Auge der Nacht.

14

Ich stieß unseren Traumländer-Notschrei aus – einmal, zweimal – dreimal! *Oberwolkenschieber* vertrieb mit einem mächtigen, donnernden **HALT!** das heimtückische Irrlicht, aber Bella stand schon knöcheltief im Schlamm und sackte immer tiefer.

"Bella! Bella! Aus den Gummistiefeln! Schnell! Schnell!"

Sie strampelte sich panisch aus den Stiefeln, rannte in großen Sprüngen auf Strümpfen durch den schmatzenden Sumpf, den weichen, saugenden Morast, sackte ein, kam wieder frei und galoppierte über den harten, unebenen Boden, bis ihre Lungen so schmerzten, dass sie zu zerreißen drohten. Keuchend hielt sie inne, stützte die Hände auf die Oberschenkel, rang nach Luft, sog sie stoßweise ein und atmete krampfartig, bis sie sich wieder aufrichten konnte.

"Ira, Ira", schluchzte sie dann. "Jetzt kann ich wirklich nicht mehr. Es ist alles so furchtbar!"

"Bella komm! Du hast es geschafft! Nur ein paar Schrittchen vom See weg, dann finden wir den Schlafplatz!"

"Ja! Weg! Weg vom See!" keuchte Bella und stolperte vorwärts, wurde nach und nach ruhiger, spürte ihre pochenden Füße in den matschigen Socken und bettelte: "Ira, Ira, bitte einen Schlafplatz – einen Schlafplatz!"

"Da vorn ist etwas!" tröstete ich sie. Aber es dauerte noch viele qualvolle Schritte, bis wir an einen Bootsrumpf kamen, der auf einer Seite in aufgewehtem Sand ruhte. Bella tastete in das holzduftende Dunkel, wuchtete dann den Rucksack hinein, zerrte mit letzter Kraft den Schlafsack heraus, zappelte die Socken von den Füßen, rollte sich benommen in ihren Schlafsack und fiel in einen bewußtlosen Tiefschlaf.

Ich machte mich schleunigst zum Traumquell auf, denn auch ich hatte eine Erholung bitter nötig. Als ich nach traumhaften Zeiten wieder zurückkam, fand ich Bella in einem düsteren Gebäude, wo sie durch feuchte Kellergänge irrte. Zum Mitträumen war dasnicht gerade! Aber ich begleitete sie dennoch, schließlich bin ich Bellas Träumerin – im Hellen und im Dunklen.

Bella fand die Kellertreppe, die sich schmal und brüchig nach oben wendelte. Noch eine Runde und noch eine Runde, himmelhoch ins Niemandsgrau! Nach einigen Traumländer Überraschungspfiffen gelangte Bella endlich in einen grau getünchten, ellenlangen Flur, dessen verschlossene Türen wie Zahnstumpen wirkten.

Bella öffnete ein zweiflügliges Portal, über dem in Goldletter **"URNENBIBLIOTHEK"** stand.

Sie verharrte und schaute sich um. In dem weitläufigen Saal thronten unzählige Urnen auf polierten Holzsockeln, deren Reihen gegeneinander versetzt waren und auf die Spitze gestellte Vierecksmuster ergaben. Jede Urne trug statt des üblichen Messingschildes mit Namen, Geburts- und Todesdaten vorn eine Brille, wobei seitlich zwei Vorrichtungen zum Auflegen der Brillenbügel zu sehen waren.

162

Da glotzten Urnenbrillengesichter rot-, gelb-, lila- blau-, vielfarbig- oder dunkelglasig in grünlich fluoreszierendem Dämmer wie Götzen aus der Urzeit.

Bella umrundete im Slalom diese schauerlichen Urnen, blieb vor einer stehen, hob auf den Zeigefindern die Brille herunter, setzte sie auf und sah zuerst nur **dunkle**, wabernde Schemen. Dann erstarrte alles zu einem Winternachmittag: dicke Schneeflocken segelten vom Himmel, johlende Kinder wuselten umher, drängelten und schubsten. Eins nach dem anderen, manchmal auch zwei setzten sich auf einen Schlitten, stießen sich mit den Hacken ab, klammerten sich fest und juchzten im Hinabsausen. Bella stand abseits, trippelte von einem Fuß auf den anderen in ihren dünnen Halbschuhen, schlug die Arme um den Oberkörper und wäre beinahe rücklings hingeschlagen, als ein Schlitten an ihre Fersen knallte. Plötzlich spürte sie den scharfen Schmerz, der bis in die Kniekehlen hoch brannte, die klammen Finger in den nassen, verfilzten Fäustlingen, die starren Zehen und die eiskalten Sohlen, als ob sie barfuss im Schneematsch stünde. Sie wagte sich ein paar Schrittchen vor und fragte leise: "Kann ich auch mal mitfahren?" Mit einem giftigen "Nö, besorg dir doch selber einen Schlitten!" wurde sie zur Seite gestoßen und taumelte in einen hohen Schneehaufen. Nun kroch die Kälte bis zu den Knien hoch und sie flehte stumm: "Laß den Ausflug zu Ende sein! Laß es zu Ende sein!" Tränen tropften ihr über die Wangen und nun sammelte sich ein Pulk Jungen um sie, streckte die Zeigefinger nach ihr aus und grölte: "Ätschi-bätschi – die heult ja! Ätschi-bätschi!" Die Lehrerin befreite sie und sagte: "Komm Kind! Wer wird denn gleich weinen, du bist doch schon ein großes Mädchen! Komm!

Wisch deine Brille ab! Warum hat dir denn deine Mutter auch keinen Schlitten gekauft! Friedel! Lass Bella mal mitfahren!" Aber Bella schüttelte nur heftig den Kopf.

Die Szene zerfloß und eine neue tauchte hoch: Bella stand auf einem asphaltierten Platz vor einer Schaufensterfront, bückte sich und wollte ihr Geburtstagsgeschenk ausprobieren: Rollschuhe mit richtigen Gummirädern, statt der ollen Eisen-räder! Aber ihre Mutter kam dazu und bestimmte: "Laß mich mal! Dann zeig ich dir, wie's geht!" – schnallte die Rollschuhe um, kippelte, lachte schelmisch, machte ungewollt Spagat, bekam die Füße wieder nebeneinander, rollte dann los, kurvte Achten und Sechsen und lachte lauthals. Bella stand mit hän-genden Schultern gegen ein Schaufenster gedrückt und leierte: "So gut werd' ich nie! Nie!"

Dann verschwamm alles, und Bella fand sich mit klopfendem Herzen vor ihrer Mutter wieder, die Bellas schön eingebundenes Heft mit ihren ersten Gedichten in der Hand hielt. Mutter gab ihr das Heft mit einem strengen: "Deine Rechtschreibung ist noch sehr, seeehr schwach! Und jetzt bring mal den Ascheimer runter!" zurück. Bella blätterte die Seiten um und zuckte zusammen, als sie mitten in ihrer Schönschrift bis in die stolz gemalten Zeich-nungen Verbesserungen in Rotstift fand.

Bella zerrte die Brille herunter, legte sie auf der Urne ab und versuchte eine andere. Aber sie hatte eine **Grau**glasbrille er-wischt, stand wieder vor ihrer Mutter und hörte ihr: "Wer sagt denn, dass du das tun kannst, was du willst! Kann ich etwa tun, was ich will? Ich muss auch meine Pflicht tun und damit basta!" und ein Zeigefinger tippte dabei spitz auf Bellas Brustbein.

Bella warf diese Brille weit von sich und das erdrosselnde Kehledrücken verschwand.

Bella zog an vielen Urnengesichtern vorbei, die hämisch grinsten, sich quietschend auf ihren Sockeln drehten und ihr durch spiegelnde Brillenaugen nachglotzten. Sie grabschte sich eine neue Brille und sah durch einen **rosaroten** Nebel die kleine Bella triumphierend, eine Kinderschar hinter sich, die Treppe zum Boden des Mietshauses am Brillenkamp hochsteigen. Mit vereinten Kräften drückten die Lütten die schwere, eiserne Bodentür auf, schlichen sich an den Holzverschlägen der Bodenkammern vorbei und bildeten einen Halbkreis um einen Stapel Dachpfannen, neben dem ein Mann breitbeinig stand und eine nach der anderen durch die offene Luke im Dach an zwei schwielige Hände weiterreichte, die dort in regelmäßigem Rhythmus auftauchten, zupackten und mit ihrer Last verschwanden. Es pfiff zu ihnen herein, wirbelte den Staub auf und brachte sie zum Husten. Aber sie starrten wie gebannt nach oben, warteten auf diese großen Greiferhände. Nach einer langen, langen Zeit erschien ein Gesicht mit Sicherheitsbrille zwischen den Händen, eine Stimme bollerte "Middag!", zwei derbe Arbeitsschuhe suchten Halt auf der obersten Sprosse der schräg gelehnten Leiter und ein breitschultriger, gedrungener Mann mit rot bepudertem Kraushaar stieg bedächtig hinunter, drehte sich um, brummte: "Na, was macht ihr denn da! 's doch verboten! Kinder auf 'ner Baustelle!" Aber er lachte gutmütig, als Bella sich an seinen Hals warf und nahm sie huckepack. Von oben verkündete sie stolz: "Das ist mein Pappi!" Die Kinder um sie herum schauten ehrfürchtig zu ihnen hoch, und der vorwitzige Wolli fragte: "Können wir auch mal aufs Dach?"

Dann war Bella, nur ein wenig älter, mit ihrer Mutter auf Klassenreise. Sie hörte die Stimme ihrer Mutter: "Und jetzt schauen wir mal alle nach rechts. Hier hat ..." Die großen Jungen blieben stehen, scharrten mit den Füßen und hier, am Ende des Zuges, breitete sich ein murmelndes Gespöttel aus. Einer sagte: "Na Nudel, bist ja 'ne echte Mutter!" Aber der Junge, der Bella auf dem Arm hielt, wehrte sich mit "Einer muss ja!", kitzelte Bella am Kinn und lachte, als sie ihn fragte: "Willst du mein großer Bruder sein?"

Alles verschwamm wieder und Bella stand Arm in Arm mit dem schönen Gaukler. Eine feurige Sonne tauchte in ein rotglühendes Meer, und Bella wartete darauf, dass der Gaukler ihr zuflüsterte: "Ich ..."

Doch dazu kam es nicht, denn Bella mußte wieder in die Bibliothek zurück, als würde sie eine unsichtbare Gegenwart vorwärtstreiben.

Schon hatte sie eine Brille auf der Nase und sah durch einen roten Schleier die Hosenbeine ihres Großvaters. Sie zerrte mit aller Kraft an dem kratzenden Stoff, brüllte wütend und schlug um sich, bis der Großvater lachend und witzelnd endlich ihren eingeklemmten Hals freigab. Sie schnappte nach Luft, trommelte mit den Fäusten auf Opas Knie, schrie: "Ich bin aber doch schneller!" – steckte ihren Kopf erneut zwischen Opas Knie und zog ihn blitzartig wieder zurück. Doch schon hatte Opa sie wieder eingeklemmt, drückte stärker und stärker zu. Bella tobte und wand sich, bis der Schraubstock sich bei Omas empörtem "So ein Unverstand!" ruckartig löste.

Dann sah Bella durch weiße Brillengläser, wie ihr Großvater ein langes Tischgebet sprach, wobei sie kaum zu atmen wagte. Gleich darauf saßen alle stumm im Halbkreis um ihn herum. Opa las aus der Bibel vor, und Oma räusperte sich dazu, kollernd wie ein Truthahn.

Szenenwechsel – Bella saß nun zwischen ihren Großeltern in einem weiträumigen, zugigen Zelt, dessen Planen knallend flatterten. Sie versank in der Menge, die "Ja, Herr Jesus! Ja, Herr Jesus!" stöhnte, jammerte und schluchzte, schneller und hektischer, zum sich steigernden Sermon des Predigers die Oberkörper hin- und herwiegte. Als sich seine Stimme überschlug und in einem "Kommt auch Ihr zu Unserem Herrn Jesus!" gipfelte, hielt die kleine Bella es nicht mehr aus, als sich ihre Großeltern neben ihr wanden, zuckten und fremdartige Laute ausstießen. Sie rannte nach vorn, rief: "Ich will auch zu Unserem Herrn Jesus! Ich auch!", und die Menschen vor dem Predigerpult machten ihr Platz, tätschelten ihr mit schweißigen Händen den Kopf, murmelten gerührt und schoben sie ganz nach vorn.

Plötzlich umschwirrten Bella vielerlei Brillen, flatterten herum wie Schmetterlinge, fielen auf ihre Nase, wippten dort, mit schiefen Bügeln, und Bella schielte fast bei dem rasenden Tempo sich abwechselnder Farben:

Blau – die kleine Bella stand neidisch neben zwei Mädchen, die ihre neuen Puppenwagen mit ihren Schlafaugenpuppen mit echtem Haar stolz vor sich hervor schoben

Grün – Bella duckte sich in ihrer Schulbank und konnte doch den schmerzenden Krampen nicht entgehen, die prasselnd ihren Nacken trafen, während der Lehrer Rechenaufgaben an die Tafel schrieb. Dann wechselte die Szene zu **rot** über und wieder zu **grün**.

Ocker – Bella sah die Krallenhände einer Tante, wie sie ihr auf Heller und Pfennig das Einkaufsgeld abzählte – kein Zehner für einen Lollie blieb übrig!

Dann erschienen ihr Großvater und ihre Mutter – **mal lila, mal violett** – mit erhobenen Zeigefingern, dozierenden Mündern und strengen, kalten Brillenaugen, sodass Bella fröstelte und in sich zusammenschrumpfte.

Himmelblau – ihr Vater, der ihr eine Gitarre versprach, und Bella hüpfte voller Vorfreude auf und ab.

Ein Reigen agiler Herren auf Rednertribünen tauchte aus **changierendem** Dunst hoch, Honoratioren drehten sich in ihren **goldenen** Aureolen, **vielfarbige** Inseln, auf denen Gestalten hinter Staffeleien standen oder über Tische gebeugt dasaßen und schrieben, wirbelten durcheinander. Und nackte **Orange**leiber verknoteten sich zu einem zuckenden Knäuel.

Durch **Kristallglasfenster** schaute Bella auf ein Karussell aus immer schneller vorbeirasenden farbigen Szenen, bis ein Irrlicht morste: *"Der Zauber – Zauber!"*

Dann stand sie vor der Rückwand der Bibliothek, die sie verwundert als Mutters Bücherregal erkannte. Bella zog ein **sonnengelbes** Buch heraus, punktierte mit dem Zeigefinger jedes gedruckte Wort, das sie langsam, aber richtig aussprach und hörte sich zuerst zweifelnd, dann juchzend sagen: "Ich kann lesen? Ich kann lesen!"

Die Buchrücken wurden durchsichtig, und das Regal wandelte sich zu einer Mosaikfensterfront. Bella riß den rechten Fensterflügel auf, lehnte sich weit hinaus, erblickte gelb und weiß getupfte Wiesen mit Waldsäumen und Häuserknöpfen. Dort rannten Emil und seine Detektive! Und da saß Lederstrumpf! Und ganz hinten, am Horizont, ritt Winnetou in einer silbrigen Staubwolke!

Bella kletterte aus dem Fenster und sprang hinaus.

168

15

Durch das einsetzende laute Stakkato wurde sie aus ihrem Traum geworfen. Doch etwas Lichtes blieb in ihr, als sie unter dem Boot hervor kroch.

"Hast du mir diesen Traum geschickt, Ira?" fragte sie.

"Nein, den hast du ganz allein gefunden", antwortete ich, noch mit gefüllter Wasserflasche und schwappender Schüssel bepackt.

Dann erblickte Bella ihre matschverkrusteten Socken und rief erschrocken: "Meine Gummistiefel!"

"Nachher schauen wir mal, ob die noch zu retten sind", beschwichtigte ich.

Doch Bella verzog das Gesicht und schüttelte sich.

"Ich weiß nicht, ob ich noch mal zurück will", wandte sie ein, wusch sich und ihre Socken und angelte frische und Turnschuhe aus dem Rucksack.

Beim Frühstück war Bella sehr schweigsam, spähte ängstlich in die Runde und rauchte gleich zwei Zigaretten hintereinander.

"Na gut, schauen wir mal nach", redete sie sich selber gut zu und ging vorsichtig zum Schlammseeufer. Der fischige, modrige Gestank trieb ihr einen Brechreiz die Kehle hoch. Bella schluckte und hielt sich dann die Nase zu. Nur das tosende Klicken zu hören, nur vereinzelt auffliegende Möwen zu sehen. Dann entdeckte sie die Gummistiefelschäfte, ein gutes Stück weit draußen im Schlamm.

"Die sind hin", rief Bella wütend, "wieso bin ich auch diesem Irrlicht nachgerannt, ich Dussel!"

"Weil es dir den Zauber gegen den "*Bösen Blick*" versprach", erinnerte ich sie.

Bella verkrampfte sich und rannte zum Boot zurück. Laut schluchzend warf sie sich auf den Boden, wieder einmal von Weinkrämpfen geschüttelt. Gleichzeitig, heftig und stoßartig verschwand das starre, hart blitzende Augenpaar, das wie zwei glosende Strahlen gedroht hatte, sie zu verbrennen. Ihr *Böser Blick*?

Bald war nur noch ein mattes Dämmern in ihr und ein erschöpftes, doch tröstliches zur Ruhe kommen.

Lange blieb sie an den Bootsrumpf gelehnt, goß sich dann aber Wasser übers Gesicht, atmete tief ein und sagte grimmig: "Nun werde ich wohl bald nasse Füße bekommen."

"Wenn's weiter nichts ist", wollte ich sie aufmuntern, aber Bella knurrte nur – ja – fast wölfisch. Zum ersten Male machte mir mein Schützling Angst. Hart – kalt – eisig – so, wie sie mir ihre Mutter gezeigt hatte. Weil Bella sich auf ihren Kampf vorbereitete? Hatte ihre Mutter nur so überleben können und war dann in dieser Härte erstarrt, aus Angst? "Tröööt", kreischte mir *Traumjoker* ins Ohr. "Durchblicker überblicken Aussichten, oh mein Augenschön", flötete er dann und rollte mit den Augen. Ha! Hatte mich der Tagländer Ernst schon angesteckt! Ich umhalste *Traumjoker*, und der schnurrte nun wie eine Katze.

Ein nasereißendes Geschnäuzte ließ *Traumjoker* erschreckt davonkullern, und Bella rubbelte mit ihrem Taschentuch hin und her, grabschte ihr Heftlein aus dem Rucksack und überlas "**Meine Operns**" Ratschläge.

"Wie komm'ich bloß an **Greifzange** vorbei?" bangte sie sich.

"Nachts!" rief ich. "Ja! Ja! Denn dann arbeitet er nicht!"

"Du bist gut!" murrte Bella. "Und ich seh'nichts!"

"Ach, bestimmt haben wir noch Mondlicht und außerdem die Taschenlampe! Hast du noch eine Ersatzbatterie?"

"Hm, ich glaub'schon."

"Dann such' sie und Wasser mußt du auch noch holen. Wenn du da vorn lang gehst …".

"Zu Befehl!" schnappte Bella, aber machte sich doch an die Vorbereitungen.

Es war schon später Vormittag, als wir aufbrachen, immer auf die Sandberge zu und dann links entlang an den hoch getürmten, rieselnden Dünen. Hitze presste Bella glühend und mundtrocknend den Atem aus. Sandkörnchen knirschten zwischen ihren Zähnen, und Windwirbel nadelten auf Bellas nackter Haut und in Augen und Nase. Nun war Bella froh, fußfrei von den Gummistiefeln zu sein, zerrte sich schweißnasse Kleidungsstücke herunter, zog den Sonnenhut tief in die Stirn und band sich bald ein Tuch um Nase und Mund. Schattenlose Wüstenei, flimmernde Heißluftschwaden und Sandsausen lullten Bella ein. Wie in Trance schleppte sie sich vorwärts, hielt nur selten inne, um einen Schluck Wasser in die trocken-pelzige Kehle rinnen zu lassen, was ihr aber nur kurze Zeit Erleichterung brachte. Zwischendrin blieb sie stehen, leerte Schuh und Socke aus, kippelte auf einem Bein und schrie auf, wenn sie den Sandboden mit dem nackten Fuß berührte. Schweiß hinterließ weißkrustige, schmerzende

Schlieren auf ihrer Haut. Bald war es so, als torkele sie durch gleißendes Gewoge, erstickende Luftmassen. Nur das mechanische Dröhnen war hier nicht mehr zu hören. Kein Unterschlupf, keine Abkürzung in Sicht! Die kleinen Sandverwehungen, die den Pfad versperrten, kosteten Bella beim Durchwaten fast all ihre Kraft.

"Mensch Bella! Du darfst keinen Hitzschlag bekommen!" ängstigte ich mich. Ich war selber schon so dumpf, als wäre ich geschmolzen. Doch endlich fielen mir unsere Traumländer Gleichzeitigkeiten ein: klein und groß – hell und dunkel – heiß und kalt – alles zur gleichen Zeit in einem einzigen Traum!

"Bella! Bella! Sprich mir nach: *mir ist angenehm kühl! Mir ist angenehm …!*"

Ich weiß nicht, wie oft ich ihr diesen Satz vorsprach, laut und deutlich und ihr Bilder von plätschernden Brunnen oder Wasserfällen schickte, bis sie innerlich mitleierte. Grad noch rechtzeitig, denn immer wieder hatte sie dazwischengedacht: "Gleich fall ich um! Gleich fall ich um!"

Mit dieser Litanei im Kopf stolperte Bella weiter, einen Glühfuß vor den anderen, gefühlstaub, zum betäubenden Pochen in ihren Ohren. Endlich, endlich färbte sich der Himmel von der untergehenden Sonne.

Nur noch ein paar Minütchen, und wir konnten die Sandberge umrunden!

Bella schaffte auch noch diesen Marterpfad, doch blieb sie abrupt stehen, als sie eine frische Windbö, mechanisches Wummern und Stampfen überfielen.

"Runter!" rief ich sofort.

Bella ließ sich fallen. Die Berührung mit dem aufgeheizten Boden riß sie aus ihrer Dumpfheit, und sie stöhnte: "**Greifzange** – Ira? Ira? Hat er mich gesehen?"

Als Antwort: Stille. Ein Aufblitzen – Licht traf auf Glas – die Fernsichtbrille von **Greifzange**!

Bella hielt die Luft an. Atemnot und Herzrasen zersprengten sie fast.

"Durchatmen, Bella! Durchatmen! Duuurch-atmen!" raunte ich ihr zu.

Mit letztem Gewahrsein schnappte Bella nach Luft.

"Nicht so hastig! Langsam!" warnte ich sie.

"Ach! *Gütiger Ober-Wolkenschieber*! Sie atmet wieder!" freute ich mich.

Dann hörten wir Türenknallen und Hantieren. So nah, als sei es nur ein paar Schritte weit weg.

Und wir hörten ein Gluckern und Platschen und ein falsches Gepfeife dazu. Wasser! **Greifzange** wusch sich! Hurra! Hurra! Er hatte uns nicht gesehen!

Bald darauf Motoranlassen, Räderknirschen und sich entfernende Fahrgeräusche. Wieder Stille, die sich in Möwenschreien, Rauschen und Geplätscher auflöste.

Bella wagte sich erst nach langem Warten hoch.

Im zwielichtigen Dämmer sah sie ein großes rundes Wasserloch. Ein Baggerkoloss beugte sein Schaufelmaul vornüber, Förderbänder schlossen sich an, bildeten laufstegartige, ineinander verwinkelte Schrägen. Manche schwankten über Schüttelrosten, andere über Trichtern, endeten an Kieselhalden, buckligen Aufschüttungen nach Größe sortierter Steine oder an fein gesiebten Sandspitzbergen. Dort parkte noch ein hochrädriges Lastwagenungetüm mit vergitterten Scheinwerferaugen. Nah beim Schaufelbagger stand ein rechteckiges Häuschen für die Arbeiter, unter dessen vorgezogenem Flachdach zwei Wasserreservoire befestigt waren.

"Ach, wie gerne würde ich im Baggerloch baden!" seufzte Bella. "Aber das Ufer ist viel zu gefährlich – nur steil abfallender Sand, und tief ist's bestimmt auch", bedauerte sie.

Mit zunehmender Abendfrische belebten sich Bellas Lebensgeister. Sie schüttelte Sand aus Schuhen und Kleidung, zog sich etwas Wärmeres über und entzifferte im letzen spärlichen Licht ihr Mitgeschriebenes.

"Ja!" meinte sie nach einer Weile. "Wenn wir jetzt die Querseite der Sandberge entlanggehen und ein stückweit an der Längsseite, dann müssten wir fast gegenüber vom Schaufelbagger eine Art Sandbucht finden, die **Greifzange** nicht einsehen kann. Dort soll eine "mannshohe" – wie "**Meine Oper**" sagte – Betonröhre sein. Hoffentlich stimmt das!" beendete sie ihr Blättern.

Bella tat alles weh, aber sie buckelte entschlossen den Ruchsack hoch und stapfte los.

Bald musste sie die Taschenlampe herausholen. Die hoch getürmte Sandwand wirkte wie eine erstarrte Riesenwelle, die gleich überzukippen drohte. Erst als der Mond aufging, bog Bella um die Ecke und tappte völlig ermattet weiter. Immer wieder suchte sie mit ihrer Taschenlampe die Sandwand ab – nichts – nichts. Als sie kurz vor dem Losheulen war, sah sie ein hellgraues Rund hinter einem kleinen Sandausläufer.

"Endlich! Endlich" krächzte sie mit versagender Stimme und hastete los.

Die Röhre war tatsächlich mannshoch und mehr als mannslang! Bella würde genügend Platz darin haben!

"Belli-Bella-Bellissima (das hatte ich mir gemerkt)!" rief ich nun übermütig. "Reich mal die Flasche und die Schüssel rüber. Dann flieg ich Wasserholen!"

"Fliegen? Du willst mich wohl veräppeln, Ira?" moserte Bella, aber holte alles im Handumdrehen hervor.

"Na, fliegen grad'nicht – aber fast", lenkte ich ein und machte mich davon.

Als ich zurückkam, hatte sich Bella schon in der Röhre eingerichtet und alles zum Abendessen vorbereitet. Nach dem Waschen fühlte sie sich fast wie neu, schlürfte ihren Tee, stand auf und schaute zum Baggerloch hinüber. An der rechten Seite, durch einen imposanten Damm getrennt, breitete sich der Baggersee bis zum Horizont aus. Auf den Kräuselwellen schimmerten Lichtkugeln. Die Maschinerie gegenüber knarrte und knackte und hob sich wie ein außerirdisches Roboterwesen gegen den Nachthimmel ab. So fremd. Geduckt. Lauernd. Doch Bella war zu müde, um sich Grausliges auszumalen. Schlafwandlerisch ging sie zurück, packte den Essenskram zusammen, verstaute alles hinter sich in der Röhre und bat mich, noch eine Schüssel Wasser zu holen.

Morgen würde ich Bella erzählen, was ich dort drüben gesehen hatte. So schwer konnte es nicht sein, in der nächsten Nacht hier fortzukommen!

Als ich zurückkam, war Bella schon in einen Erschöpfungsschlaf weggesackt.

16

Türenschlagen, Zurufe, stotterndes Motorenanlassen, herandröh-
nende Lastwagen und dann ohrenbetäubendes Klick-Klick-Klick,
Quietschen und Kreischen von Laufbändern, Kollern und Poltern
von Steinen, rhythmisches Schaben von Schüttelrosten, Prasseln
und metallisches Schleifen von Trichtern und reißendes Ablaufen
von Wasser und Sand: das war Bellas Morgenständchen.

Noch schläfrig hievte sie sich schwerfällig hoch und wurde
trotz allen Lärms nur langsam wach. Schon wollte sie nach
draußen robben, als ihre Benommenheit schlagartig verschwand:
"**Greifzange!**"

"Ira! Ira! Hoffentlich sieht er uns nicht!"

"Sachte, sachte, Bella. Wie wir ihn von hier aus nicht sehen
können, so ist's bei ihm auch! Dieses Sandhügelchen am Eingang
ist hoch genug! Hat "**Meine Oper**" doch auch gesagt!"

Doch Bella zerrte ihre Sachen sicherheitshalber schon einmal
an den Ausgang der Röhre, dann wieder ein Stückchen hinein,
weil sie doch nicht im rieselnden Sand sitzen wollte. Die Gasko-
cherflamme schirmte sie krumm und verkrampft mit ihrem Körper
ab, entspannte sich erst, als sie ihre Morgenzigarette inhalierte,
wollte sich noch eine anzünden, als sie erschreckt feststellte: "Nur
noch sieben!! 7 Stück nur noch!"

"Nun reg'dich ma'nicht auf! Du kannst dir bald neue kaufen!" rutschte es mir raus.

"Du weißt ja nicht, wie das ist, ohne…", fauchte Bella gereizt.

"Träum lieber statt zu rauchen", dachte ich, hütete mich aber, mir auch nur noch ein Wörtlein davon entschlüpfen zu lassen. Ich sagte nur: "Dann verschlaf' doch den Tag – sparst Zigaretten und stärkst dich für die Nacht."

"Das ist schon besser", brummelte Bella, räumte zusammen, wurde dann aber wieder unruhig und jammerte: "Ich muß pinkeln!"

"Dann mußt du wohl", erwiderte ich ungerührt.

Bella zögerte und zauderte, lugte schließlich aus der Röhre, spähte hierhin und dorthin und kroch endlich mit ihrer Klopapierrolle unter der Achsel hinaus.

"Wie lange dauert das denn?" fragte ich mich schon, als Bella hereinschnaufte und sich aufprustend lang machte.

"So, eine rauch' ich noch und dann ab in die Heia", versuchte Bella zu spaßen. "Ein Glück – schlafe ich gern!" flüsterte sie dann.

"Bella, nun lass doch dein blödes Geflüstere! Uns hört man bestimmt nicht!" rief ich. Nun war auch ich genervt! Oh je! Ich sollte mir schnell einen großen Packen Geduld zusammenträumen. Bella war auch prompt beleidigt und sog an ihrer Zigarette, als wolle sie ein Wettrauchen veranstalten. Danach verzog sie sich in ihren Schlafsack, stopfte sich Watte in die Ohren und dämmerte bald ein. Tageshitze und Lärm durchlöcherten Bellas Schlaf. Sie warf sich hin und her, stöhnte, verhedderte sich, schreckte hoch, legte sich dann auf den geöffneten Schlafsack und dämmerte weg.

Keine schönen Träume – aber auch keine Albs! Trotzdem, für Bella war es fast so, als würde sie sich langsam und unaufhaltbar in einer Dunkelmasse auflösen.

Abrupt: Stille. Aufblitzen von Gläsern. "**Greifzange** lauert!" Stimmen, Wasserplantschen, Herumwirtschaften. – "Mittagspause" seufzte ich erleichtert. Die Nacht rückte näher. Bald galt es nur noch "Auf und davon!" Und wenn Bella weiterschlief??

Ein gepresstes Stöhnen riss mich aus meinen Rosawölckchen. "Wäre ja auch zu schön gewesen, wenn's hier so einfach ginge", meckerte ich in mich hinein und rüttelte Bella wach.

Mit einem Ruck schnellte sie in die Hocke und schaute sich hektisch um.

"Was ist los – Ira? Iraaa!!"

"Schrei'nicht so! **Greifzange** macht Mittagspause. Und das Rauchen lässt du lieber – Rauch sieht man", warnte ich Bella.

Sie warf sich auf ihren Schlafsack und trommelte mit den Fäusten auf den harten Beton, bis ihre Hände schmerzten.

"Ach Bella, die Pause ist doch bald zu Ende. Dann kannst du! Erzähl' mal, wohin du weg gedüstert bist?"

"Ich war in einem Kellergeschoß, rannte durch die Gänge und suchte den Ausgang, fand und fand ihn nicht, riss Bretterverschläge auf, stemmte mich gegen Eisentüren, faßte an schwarz verstaubte Türklinken – keine Treppe nach oben, nur Stickluft und Zwielicht – ohne Ende – ohne Ende. Dann hörte ich hinter mir ein Keuchen und Schleichen. Ich drehte mich um und sah eine dürre vermummte Gestalt, die mit ausgestreckten Armen nach mir fingerte. Rotglühende Augen starrten so haßerfüllt, dass ich fortrannte. Hinter mir schrie es: "Weg mit dir! Weg mit dir! " –

"Weg! Weg! Weg!" donnerte es neben mir wie Kugeln auf einer Kegelbahn. Nirgendwo ein Versteck. Bis ich weit vor mir einen Kohlenhaufen sah. Nur hin! Nur hin! Ich warf mich drauf und wühlte mich ein. Doch die wütenden Schreie kamen näher und näher, Kohlen wurden beiseite geworfen – "Weg! Weg! Weg!" Dann schleuderte mich etwas hinaus."

"Das war ich! Wer ist denn aber "Weg-Weg"?"

"Jeder ist froh, wenn ich weg, gar nicht auf der Welt wäre! Ich bin schuld! Darum gehöre ich auch weg." schluchzte Bella. "Für mich ist kein Platz da! "

Das Stampfen und Tosen setzte wieder ein und verschluckte Bellas verzweifeltes "Weg! Weg! Weg!" Sie warf sich hin und her, schlug mit dem Kopf auf den Boden. Sie beruhigte sich nur nach einer geraumen Weile, trotz meiner Wiegenlieder, zuckte immer wieder unter fast erstickten "Weg! Weg!". Mir wurde angst und bange, aber ich ließ nicht nach mit meinem Singsang. Schlussendlich wurden ihre Atemzüge ruhiger, und sie schlief ein. Ich befeuchtete einen Waschlappen, säuberte ihr schleimver-schmiertes Gesicht und kühlte ihre Stirn. Bella streckte sich aus, knirschte aber bald heftig mit den Zähnen.

Sie war in ihrer Wohnung am Brillenkamp, gerade aus dem Bett geschreckt, schlich auf Zehenspitzen durch die dunkle Woh-nung und suchte nach ihrer Mutter. Nicht da! Bald rannte sie von einem Ende zum anderen, drückte sich mit angezogenen Knien und drumrum geschlungenen Armen in den Wohnzimmersessel, ächzte heiser: "Jetzt ist Mutti auch weg! Jetzt ist Mutti auch weg! Weg! Weeeeg!", sprang auf, rannte zum Schlafzimmerfenster und riß es auf, als sie eine Frau und einen Mann erspähte. Das war

Mutti! Ihr Pelzmantel – die "Katze" wie Mutti sie nannte! – "Mutti! Mutti! Komm' wieder!" schrie sie in die laternengepunktete Nacht. Die Frau drehte sich um, zögerte, ließ sich aber vom Mann weiterziehen. Beide verschwanden um eine Straßenecke. Bella sauste zur Wohnungstür, rüttelte verzweifelt an der verschlossenen Tür, klappte den Briefkastendeckel hoch und gellte "Mutti! Mutti!" ins Treppenhaus. Bald kam die Nachbarin von gegenüber im Nachthemd heraus, hockte sich hin und redete auf Bella ein. "Hör mal, hör mal! Ich ruf' jetzt den Ferdi, der ist doch bei der Feuerwehr, der holt dich raus! Zieh'dir jetzt was an! Er kommt gleich! Los! Los! Mach das Licht an! Ferdi kommt gleich!" Bella stolperte zum Lichtschalter. "Mutti! Mutti!" schluchzend, arbeitete sich blindlings in ihre Unterwäsche und in ihr Kleidchen. Zwischendrin klopfte die Nachbarin, klapperte mit dem Briefkasten und rief: "Mantel und Schuhe auch! Ferdi kommt gleich!", sagte etwas nach hinten, und ein Stimmgemurmel antwortete ihr. Bella wetzte zum offenen Fenster, rasendes Klopfen im Hals, schlug zu "Mutti! Mutti" auf die Fensterbank, bis der kochende Hitzeball in ihr abkühlte.

Ein Feuerwehrauto mit kreisenden Blinklichtern brauste in die Strasse, Männer in Uniformen sprangen heraus, einer hechtete über die niedrige Rosenhecke auf den Rasen und blickte zu ihr hoch. In seinen Brillengläsern spiegelte sich das grelle Blaulicht: an – aus – an – aus. "Ich komm' gleich! Bleib stehn!" erkannte Bella Ferdis Stimme. Eine Leiter wurde ans Fenster manövriert, Ferdis Kopf, sein Oberkörper tauchten auf, beugten sich zu ihr, und zwei starke Arme hoben sie heraus. Bella klammerte sich fest, drückte ihr Gesicht an den weichen Hals und weinte erleichtert los. Schwankend und von Rufen begleitet kletterten sie runter. Dann saß sie zwischen den Männern. Ferdi wischte ihr Gesicht ab und sagte: "Nun mal ordentlich schnäuzen!", was Bella auch eifrig tat. Dann versteckte sie sich wieder an Ferdis Hals und atmete auf, als er seine Arme um sie legte und brummte: "Aber deine Mutti kommt ja bald wieder. Wirst schon sehen. Bis dahin bleibst du bei uns. Wir haben bestimmt Buntstifte zum Malen da!" Tiefes Stimmenbrummeln und Motorengesumm schläferten Bella ein.

Sie war überrascht, als sie in einem großen hellen Raum auf einen Stuhl gesetzt wurde. Ferdi stellte eine dampfende Tasse vor sie hin. Bella schlürfte vorsichtig und munter plappernd antwortete sie auf Fragen. "Lauter große Brüder hier!" krähte sie dann froh, und alle lachten. Es roch so anders! Bald hatte sie ein Blatt voll gemalt und schenkte es stolz Ferdi. Der lobte sie und wollte wissen: "Und was soll das sein?" "Klettermänner! Siehst du das nich`?" Wieder lachten alle. Bella lachte fröhlich mit. Längst hatte sie vergessen, nach Mutti zu fragen.

Vogelgezwitscher setzte ein. Plötzlich Muttis Stimme und Ferdis begütigendes Brummen. "Mutti ist da!" Oh – aber – hartes Zorngesicht, in ihrer "Katze", mit großen Schritten kam sie auf Bella zu, riß sie vom Stuhl und preßte ein "Bist doch schon groß genug! Weißt doch, dass Mutti…" – "Aber sie trägt noch nicht mal eine Brille", unterbrach sie eine tadelnde Männerstimme. Mutti stauchte Bella das Mäntelchen über, zerrte sie hinter sich her, stieß sie ins Taxi. Bella machte sich ganz klein und den Bauch ganz hart, damit das Kribbeln nicht weiterströmte – nein – nur keine Heulsuse sein!

Zuhause riß ihr Mutti fast die Kleider runter, und Bella würgte und zappelte, als ihr das Nachthemd übergezogen wurde. "Was sollen denn die Leute denken!" schimpfte Mutti bissig. "Was sollen denn…", Bellas Nachthemd wurde von einer Eiseshand hochgeschoben: Knüffe, Hiebe und Schläge prasselten auf sie nieder. Krach – ins Bettchen. Aber Bella weinte nicht. Nein. Sie hielt den Atem an, bis sie es nicht mehr konnte. Kein Gute-Nacht-Küsschen! Und sie hatte sich doch so gefreut, dass Mutti wieder da war!

Bella warf sich hin und her, Tränen quollen unter den geschlossenen Lidern hervor, rollten über ihre Wangen, den Hals entlang bis ins linke Ohr. Sie rieb mit dem Zeigefinger in der Ohrmuschel herum und erwachte, als sie die Nässe spürte.

Ich war gleich mit einem Handtuch zur Stelle.

Bella richtete sich auf und schützte ihre Augen mit schräg gehaltener Hand vor dem Gleißen, das herein grellte.

"Das reinste Feuerloch", klagte sie. "Wie soll ich dabei und dem Getöse da draußen schöne Träume haben? Vater weg! Mutter weg! Ich weg! Dann ist endlich Ruhe!" wütete sie.

"Aber Bella! Sag sowas nicht! Du suchst dir doch jetzt deinen eigenen Platz in der Welt. Willst in das Land der Gaukler! Bald sind wir am Tor zum Süden! Und denk' doch mal an den Kunni-Abend!" wandte ich ein.

Bella antwortete nicht, sondern riß ihre Augen weit auf, kreischte plötzlich los und drückte sich immer weiter nach hinten, bis sie mit dem Rücken auf Sand traf.

"Geh weg Ira! Geh weg!" schnappte Bella hysterisch. Ich jagte blitzschnell in ihren Kopf.

"Oh nein! Nicht die schöne Stern-Prinzessin Ira stand da vor Bella, sondern eine bucklige Vettel mit Warzengesicht, die hämisch stichelte: "Du glaubst wohl, du kannst machen, was du willst! Ha! Wo kämen wir denn hin, wenn alle machen, was sie wollen!"

Verflixt! Wieder stieß ich unseren Alb-Wutschrei aus, sieben Mal, bis dieses Trugbild verschwand! Dann gestaltete ich mich wieder, mit Sternenmantel und allem drum und dran.

"W-wa-warum hast du das getan, Ira" stotterte Bella.

"Aber das war ich doch nicht!" protestierte ich. "Das war dein Alb! Meine Traumnot! Ist der schwarzträumig! Ich glaube, wir müssen ihn noch viel umarmen und begöschen, bevor der eine gute Träumerei wird."

"Mein Alb?" zweifelte Bella. "Wie soll ich den denn gernhaben?" fragte Bella matt.

"Wie ein verirrtes rußiges Kellerkind", fiel mir ein. Du bist ja im Traum schon einmal im Keller gewesen."

"Ach, ich mag nicht mehr", seufzte Bella. "Alles nur ein Abgrund", klagte sie. "Verstört bin ich – nein völlig gestört – verflucht!"

"Na, na, Bella! Nun sei ma' nicht so dramatisch!" wiegelte ich ab.

"Du verstehst mich auch nicht! Keiner versteht mich!" heulte Bella auf.

"Wie soll ich dich denn ganz und gar verstehen, wenn du dich selbst nicht verstehst!" trumpfte ich auf.

"Und wie soll ich mich verstehen, bei all den Albs und all den Mutter- und Vaterzentnern am Hals?" keifte Bella zurück.

"Aber deine Eltern sind doch gar nicht mehr hier! Sie sind nur in deinem Kopf! In deinen Albs! Begreif das doch! Außerdem bist du nicht schuld!" wetterte ich.

"Wieso – wer hat gesagt, dass ich schuld bin?" wütete Bella weiter.

"Du! Vorhin!"

Bella sackte zusammen und begann zu zittern. Husch – war ich bei ihr, schmeichelte sie zu ihrem Schlafsack und redete auf sie ein: "Bella! Du bist nicht schuld! Nicht daran, dass dein Pappi wegging. Und auch nicht daran, dass deine Mutti unglücklich war. **Du warst doch das Kind.** Du konntest doch nicht die Mutter deiner Mutter sein. **Das ist unmöglich!**"

"Ich hab' doch alles getan, was ich konnte", weinte Bella. "Nie war Mutti zufrieden. Und Pappi ging weg. Aber ich hab'doch beide lieb, bei-ei-de!"

Mit diesen Worten rutschte sie auf einen großen, gepflasterten Platz. Rechts und links standen auf breiten Sockeln schwarze Marmorstatuen. Doch deren Augen blinkten quecksilbrig auf, und die Marmorarme bewegten sich ruckartig. Zack – ein Lasso fiel, und wurde um Bellas Körper zusammengezogen. "Du musst dich für m i c h entscheiden. Du hast nur e i n e Mutter!" drohte es von links. Zack – ein zweites Lasso schnürte Bellas Beine, und "Du bist Papas Beste! Sag deiner Mamma, dass …", basste es dazu. "Ja Pappi!" Zack, und Bella flog zur rechten Seite. Aber sofort wurde sie zur linken Seite gezurrt. "Ja, Mutti, natürlich entscheide ich mich für dich", stöhnte Bella auf, und wurde gleich noch weiter nach links geschleift. Ein Ruck – von der anderen Seite kam Gegendruck. Hin und Her. Her und Hin. "Hört auf! Ihr zerreißt mich noch!" bat Bella, leiser und leiser, die Stricke schnitten tiefer und tiefer, knebelten, erstickten…

"Bella! Bella! Komm zurück!" bettelte ich angstschlotternd, raste zur Wasserschüssel und warf Bella das klatschnasse Handtuch aufs Gesicht.

Bella jappste keuchend und pfefferte das Handtuch zu Boden.

"Du willst wohl, dass ich an Herzschlag krepiere!" jaulte sie auf.

Ja! So war's schon besser! Dies war meine Bella!

"Oh Bellachen! Ich wußte nicht, was ich sonst tun sollte. Wenn sie dich nun …", haspelte ich.

"Zerrissen… und doch noch am Leben", zitierte Bella aus ihrem Gedicht. "Nein, nicht von mir selbst … so war das", flüsterte sie traurig. "Du meinst wirklich, das alles war nicht meine Schuld?"

"Das mein ich!" bekräftigte ich und tanzte Bella einen Traumländler vor.

Bella schaute aber nur kurz hin, ging zur Sandhinterwand der Röhre, steckte sich gierig eine Zigarette an, kuhlte einen Aschenbecher in den Sand und fächelte nicht mal den Rauch auseinander.

"Soll mich **Greifzange** doch holen", murmelte sie.

Doch sie steckte keine weitere mehr an, denn sie dachte nun an die Frauen, die auf sie "aufpassten", wenn Mutti "auf Arbeit" war. "Abgeschoben – immer nur abgeschoben", klagte sie dabei an, "und Pappi – wie oft versprach er mir, zu kommen und dann nichts … gaaar nichts!"

Bella zwang jetzt ihre Tränen runter, bis Halsschnüren ihren Atem klemmte.

"Erzähl doch mal von den Frauen", forderte ich sie schnell auf.

Bella seufzte und begann tonlos: "Ach, das war ein Kommen und Gehen, und ich war noch so klein, erinnere mich kaum. Da war die, die immer "Brillgold" rauchte, Kreuzworträtsel löste und ihren kleinen, dicken Mops mit Keksen fütterte. Meist nahm sie mich in ihre miefige, dunkle Wohnung mit, ließ mich auf ihrem beuligen Sofa sitzen – "sei du bloß stille!", und mit dem Hund durfte ich nicht spielen. Oder die Blondgezopfte: die setzte mal eine Emailleschüssel voller Wasser auf den angezündeten Gasherd, zuckte plötzlich los, die Schüssel rutschte ihr aus der Hand, Wasser löschte die Gasflamme und sie fiel zu Boden, stieß unheimliche Laute aus, schlug mit verkrümmten Glieder um sich. Zum Glück rannte ich zur Nachbarin um Hilfe.

Dann kam ich in die Schule mit einer Schultüte fast so groß, wie ich selber, konnte sie kaum halten, und die erste neue Brille drückte auf der Nase. Dann weiß ich gar nichts mehr – alles nur ein Angstloch. Bald brachte mich Opa zur Schule, weil ich doch einen so langen Schulweg hatte und über viele gefährliche Strassen musste. Wieso war Opa eigentlich da und nicht in Harra? Na, jedenfalls hänselten mich die anderen Kinder deswegen und weil ich noch keine Schleife binden konnte und so ein altmodisches Brillengestell trug – von der Tochter der Nachbarin geschenkt – das hatte wohl schon jahrelang bei ihr rumgelegen!

Dann wurde ich krank, weiß nicht mehr, woran, kam zu Oma und Opa nach Harra und später dort in die Schule. Einmal lauerte mir ein Pulk Jungen auf, johlte "Petze! Petze!" und wollte mich verkloppen. Aber ich rannte ihnen davon!" meinte Bella stolz. Dann wurde sie kleinlaut: "Warum Petze? Weiß ich auch nicht mehr. Aber danach brachte mich Opa wieder zur Schule und holte mich auch ab. Ach ja – an das Schulfest dort erinnere ich mich: ein langer Umzug verkleideter Kinder, Singen und Geschrei. Ich war ein Spatz und das Gummiband, das meinen Schnabel hielt, kniff hinter den Ohren. Es blutete sogar! Und die Brillenbügel drückten auch, bis mein Kopf ganz taub war.

Manchmal kroch ich zu Oma und Opa ins Bett, kuschelte mich an Oma und spielte mit ihrem langen Zopf. Ab und zu wachte ich nachts auf, hörte es plätschern und Opa grunzen, als er den Nachttopf unters Bett schob.

Sonnabends wurde in einer Zinkwanne gebadet – iiiii – brühheißes Wasser, und die Metallwanne am Rücken stechend kalt. Einmal, nach dem Bad, wollte ich die Brille nicht wieder aufsetzen, hopste "nackicht" (wie Oma sagte) herum und warf mir Omas Spitzendecke um die Schulter: das kribbelte so schön! Als Oma mich so sah, holte sie die Rute, schlug auf mich ein und schrie: "Ein Mädchen muss ihre Brille blitzeblank tragen. Ein Mädchen muss wie eine Rose sein! Wie eine Rose" – zzzzz – eine Rose zzzzz, sauste die Rute dazu. Das war wie damals mit Mutti, als sie mich vom Ferdi abholte.

Wieder sammelten sich Tränen in Bellas Augen, aber sie keuchte auf: "Ich will nicht dauernd weinen! Es muß doch mal Schluß sein – ich will nicht – will nicht mehr!" skandierte sie.

Aber ich fuhr ihr dazwischen und fragte: "Kannst du dich an nichts Schönes erinnern?"

Bella stockte, schwieg.

Dann antwortete sie zögernd: "Do-oooch. Als ich die Aufnahmeprüfung zur Oberschule machte. Am Ende des vierten Schuljahrs. Ganz allein fuhr ich mit der Blick-mit-Bahn zur Prüfung. Nur Neues gab es zu lernen. Auch "Ralisch" – aus dem unsere Sprache entstanden ist. Seeehr schwer! Aber ich lernte schnell, verstand alles! Leicht – wie Spielen! Ich fühlte mich so – so – als ob ich fliegen könnte. Nach zwei Wochen kam das Ergebnis, und Mutter sagte: "Das war doch brillenklar! Meine Tochter schafft die Prüfung!" Aber Mutti schenkte mir ein neues Brillengestell. Ich durfte sogar mit aussuchen. Doch dann kam ich in die Oberschule und sah Heinzi nie wieder."

"Wer war denn Heinzi", fragte ich gespannt.

"Heinzi", nuschelte Bella, als würde sie einen Bonbon lutschen. "Ich glaube, den mochte ich ganz doll. Fast ein Jahr himmelte ich ihn an, aber traute mich nicht, ihn anzusprechen. Sah der schön aus! Gedichte schrieb ich – das weiß ich noch – und eins steckte ich ihm nach langem, langem Bangen zu. Er lachte nicht! Schaute aber zu mir rüber – immer häufiger. Auf einem Schulausflug alberte er mit den anderen Jungs, und ich dachte schon, der will mich auch nicht. Aber als wir auf den Bus warteten, zog er mich auf seine Knie. Vor allen anderen!" Bella streichelte wortvergessen ihre Knie.

Doch dann kam sie mit einem "Und weg war er!" wieder zu sich.

Sie legte sich ermattet auf ihren Schlafsack, drehte sich mit dem Gesicht zur Betonwand und fiel in einen flatterigen Halbschlaf. Ich wachte bei ihr und wagte nicht, mich am Traumländer-Brunnen aufzumuntern. "Bunt und schwarz – grau und rot – ein Ende hat's mit jeder Not!" hörte ich da meinen allerliebsten allerbesten *Traumjoker*. Ich drückte ihn selig an mich, und er jodelte und trällerte mir noch so manchen träumischen Mut zu. Erst die jäh einsetzende Stille brachte mich wieder ins Tagländergeschehen zurück. Ich wartete ab, bis ich das Abfahren der Wagen hörte und weckte Bella vorsichtig. Sie rieb sich ihr verschwitztes Gesicht und stöhnte: "Wasser!" Hurtig brachte ich alles herbei, ließ ihr Zeit zum Trinken und Waschen. Als sie dann eine Zigarette ansteckte, legte ich los: "Also Bella, ich habe dir ja noch gar nicht gesagt, was ich da drüben gesehen habe: Auf dieser Seite des Baggersees ist ein ordentlicher Pfad, fester Sand. Weiter hinten mündet er in eine Art Schwimmbrücke, die an beiden Ufern vertäut ist. Sie ist zwar nicht sehr breit, aber sieht stabil aus. Dann müssen wir nur noch auf das Matschmoor aufpassen. Und nun iß und pack! Ich hol noch Wasser", trieb ich Bella an und entwischte, bevor sie noch irgendetwas einwenden konnte.

Bella war grade bei ihrer "Verdauungs-Zigarette". Sie hockte mit hängenden Schultern da. Die Kerze flackerte verzerrte Schatten. Draußen zog Sturm auf und fetzte Wolken vor den schiefen Mond. Knarzen und Klappern klang herüber, Sand rutschte und rieselte. Bella drehte den Stummel aus, wusch ab, packte und wechselte die Taschenlampenbatterie aus. Sie ließ den Rucksack in der Röhre liegen, schlich zum Pfad, kreiste und schlenkerte mit der Taschenlampe herum, schaute zum Himmel und zog fröstelnd die Schultern hoch.

"Wie dunkel es ist! Ira, du hast doch gesagt, wir haben Mondlicht." piepste sie kläglich.

"Mit diesem Wind habe ich auch nicht gerechnet", gab ich kleinlaut zu. "Aber wir schaffen das auch mit der Taschenlampe. Und nachts bin ich doch beweglicher, kann auskundschaften. "Frisch gewagt, ist halb gewonnen", rief deine Großmutter immer, als du klein warst und dir der Weg zur Straßenbahn zu lang wurde. Weißt du noch?"

Bella lächelte, wandte aber ein: "Zu guter Letzt hat sie mich doch getragen. Das kannst du nicht, Ira!"

Bella lief zur Röhre zurück, hockte sich hin und schnippte eine Zigarette aus dem Paket, rauchte, als ginge es um ihr Leben! Sie schüttelte die Packung und schrillte: "Nur noch zwei Zigaretten!"

"Dann komm jetzt, Bella! Wenn wir über den Baggersee rüber sind, kannst du wieder eine rauchen! Komm schon!"

Doch Bella rührte sich nicht. Sie horchte in die Nacht hinaus, zuckte zusammen, als irgendein Getier vor ihren Füßen vorbei- huschte und krümmte sich zusammen.

Alle warm leuchtenden Bilder, die ich ihr zuträumte, prallten an ihr ab. Bella: verschlossen und düster. Ihr Herz klopfte lauter und schneller, bis sie erneut zur Zigarettenschachtel grabschte und sich mit zittrigen Fingern eine anzündete. Sie starrte auf das Glimmpünktchen. Funken stoben, als ein Windstoß die Zigarette fast fortblies. Nun rauchte sie hinter der hohlen Hand.

Jetzt würde sie endlich aufstehen! War Zeit! Unruhig träumte ich ihr neue Bilder vor.

Keine Reaktion. Wie festgewurzelt kauerte Bella auf dem Röhrenrand, die Füße in den Sand gestemmt.

"Bella! Bella!" rief ich scharf.

Kein Antwort.

Bella holte ihre letzte Zigarette hervor, strich an ihr entlang, zündete sie an, inhalierte tief und stierte vor sich hin. Erst als die Glut ihre Finger sengte, merkte Bella, dass nur noch der Filter übrig war.

17

"Ich kann nicht!" flüsterte Bella.

"Ich kann nicht!"

"Ich kann nicht!"

"I
c
h

k
a
n
n

n
i
c
h
t!"

18

"Gütiger *Ober-Wolkenschieber*! Zu Hilfe!! Zu Hilfe!" bat ich alb-verirrt. Dieses ununterbrochene „Ich-kann-nicht" hatte mich auch schon fast eingesargt!

Doch dann hörte ich *Ober-Wolkenschiebers* Lachen. Gleich saß ich auf einer schillernden Wolke, *Ober-Wolkenschieber* schaukelte mich sanft und wölkte weich: „Ira! Ira!" Dann flüsterte er mir zu: "Laß sie einfach! Bella muß sich nun selber austräumen.

"Aber ich …", legte ich los.

"*Nicht du! Ist nicht dein Schuh! Nicht Du! Ist nicht dein Schuh!*" kicherte *Ober-Wolkenschieber,* kollerte mich um und rum, bis alle Worte als Hagelkörner aus mir herausstürzten, und ich traumfrei davonschwebte.

Im Morgengrauen fand ich mich bei Bella wieder. Rücklings lehnte sie schlafend an ihrem Gepäck, die Beine von sich gestreckt. Ihre Zähne mahlten verbissen, und ihre Augenlider zuckten. Gestärkt stürzte ich mich in Bellas Träumen. Oh je! Da hockte sie winzig mitten auf einem weit gedehnten, von hohen Quadern gesäumten Platz. Bauklötzer waren es – mit schwarzen Buchstaben. Was stand drauf? V-E-R-L-A-S-S-E-

N. Kein Durchgang. Keine Bewegung. Kein Szenenwechsel. Hier gab's nur eins: draußen war ich und trommelte auf Bellas Nase. Sie schnappte nach Luft, machte die Augen auf und stierte mich an.

"So Bella, ich hol' schnell Wasser, und du richtest dich jetzt für den Tag ein! Wo ist die Schüssel? Hopp! Hopp! Es wird gleich hell!"

Steif und durchgefroren krabbelte Bella zum Rucksack.

Im Traumumdrehn war ich wieder zurück. Jämmerlich kauerte Bella auf ihrem Schlafsack und stöhnte: "Das schaff' ich nie! Das ..."

"Bella!" schnitt ich ihr Geleier ab. "Jetzt hörst du auf! Iß was! Schlaf' dich frisch, und in der nächsten Nacht: Auf ein Neues! Wir schaffen es!"

"Und Zigaretten hab' ich auch nicht mehr", greinte Bella.

"Dann wirst du sehen, daß es auch ohne geht!" erwiderte ich streng.

"Du blöde Kuh!" keifte Bella.

Da mußte ich lachen. Als Kuh hatte ich mich noch nicht geträumt. Wäre doch mal spannend!

"Blöde Kühe gibt's nicht! Kühe sind nette Tiere", bemerkte ich – so nebenbei – stellte die Wasserschüssel aber nicht in Bellas Reichweite.

Sie schimpfte wild durcheinander – ich hörte gar nicht hin – rappelte sich dann auf, wusch sich und frühstückte. Noch mit der Teetasse in der Hand wurde sie schon wieder zur Leierkasten-Bella, diesmal statt „Ich kann nicht" – "Ich muß eine rauchen! Ich muß eine …" Wie träumt unsereins einen Tagländer aus solchen Gedankenkreiseln?

"Bella! Auf diesem Karussell will ich nicht mitfahren! Halt an und erzähl mir lieber was von deiner Oma aus Harra!" sagte ich energisch.

Bella trank gierig ihren Tee aus und stopfte sich ein Stück Schokolade in den Mund, sog und lutschte. Noch ein zweites und ein drittes Stück mußte es sein, bevor sie begann: "Einmal ging ich ganz allein zum Bahnhof von Harra. Vielleicht würde Mutti kommen! Bald kam auch ein Zug, Menschen strömten heraus – aber Mutti war nicht dabei. Ich malte mir ein Himmel-Hölle auf den Boden und hüpfte die Kästchen ab – tat so, als hätte ich gar nicht gewartet. Doch das half auch nichts! Dann sah ich auf dem Abstellgleich zwei Waggons. Bei einem stand die Tür offen. Was da wohl drin war? Ich schlich mich hin, schaute mich um – keiner da – und kletterte über die niedrige Holzbarriere. Nur mit Mühe konnte ich mich hochziehen und äugte in den Waggon. Zuerst tanzten nur Flecken vor meinen Augen, doch dann sah ich jemanden in der linken Ecke im Halbdunkel liegen. Ich wollte schon abspringen, doch dann rief ich: "Hallo! Sie da!!" Aber nichts rührte sich. Ein kalter Schauer kroch mir den Rücken hoch. War das eine Leiche? "Eine Leiche!" war mein letzter Gedanke, und ich raste los, warf mich über die Barriere und riß mir ein Loch ins Kleid – aber das merkte ich erst später, als Oma fragte: "Wo bist du denn gewesen, Mädelchen?" – und hetzte ohne anzuhalten weiter. Auf Omas Frage erfand ich irgendeine Ausrede – weiß ich nicht mehr. Noch oft träumte ich von diesem Waggon, sah die

Leiche, weißlich, bedrohlich. Würde sie sich aufrichten und mich fressen? Bella schwieg und fuhr fort: „Eigentlich wußte ich gar nicht, ob es wirklich eine Leiche war. Es hätte auch was Hingestapeltes gewesen sein können. Ich ging auch nie wieder allein zum Bahnhof. Wenn Mutti mich in den Zug nach Harra setzte, sagte sie dem Schaffner Bescheid. Ich drückte mich dann in die Polster, hielt den Geldschein, den Mutter mir für Omi mitgab, krampfhaft in der Faust, schaute immer wieder nach, ob er noch da war, fragte mich immer wieder: "Holt Omi mich auch ab?" Dann schaute ich aus dem Fenster, verlor mich bald ins Vorüberziehen von Häusern, Straßen, den vielen Masten, die aussahen wie riesige Mikadostäbe und das vielformige Grün. Bald schreckte ich hoch und schaute nach dem Geldschein. Er war schon ganz feucht und knitterig. Meist wartete nicht nur Oma auf mich, sondern auch Opa. Sie nahmen mich zwischen sich, jeder an einer Hand, und ich konnte endlich den Schein loswerden. Ich …"

Plötzlich Motorenlärm und die Morgengeräusche von drüben. Bella verzog sich schnell in ihren Schlafsack. Gerade als das metallische Klicken einsetzte, kroch sie zum Rucksack, warf hektisch ihre Sachen durcheinander und keuchte: "Vielleicht find' ich doch noch eine Zigarette!" – Zweimal durchsuchte sie alles. Schweißtropfen rannen ihr in die Augen. Dann fröstelte sie wieder. Schließlich stopfte sie sich Watte in die Ohren, kühlte ihre Hände in der Wasserschüssel, schleppte sich zum Schlafsack zurück und wickelte sich ein. Doch kurz darauf strampelte sie sich wieder frei, blieb aber nur eine zeitland so liegen und wickelte sich zitternd wieder ein. So ging das hin und her, obwohl ich ihr eine Träumerei nach der anderen vorsang.

Ihre Umgebung wurde Bella zur Achterbahn. Schwindel rollte in ihrem Kopf, und sie drückte ihre Augenlider so stark, bis sich rote Kugeln vor ihr drehten. Sie rettete sich zur Wand, drückte ihre Stirn gegen den kühlen Beton, rutschte schließlich in den Schlaf.

Eine Kinderschar tauchte auf, verwandelte sich dann in eine Fratzenrunde und schrie: "Schlüsselkind! Schlüsselkind!" Dann war Bella im Innenhof vom Brillenkamp, spielte mit dem kleinen Jungen in der Sandkiste, bis ein ungeduldiges "Klausi! Komm nach oben!" ihr seliges Bauen unterbrach. "Morgen machen wir weiter!" tröstete Klausi, klopfte sich unwillig den Sand weg und latschte langsam davon. Bella wollte ihren Schlüssel vom Hals nehmen, doch er war nicht mehr da!! "Was wird Mutti sagen?" schrillte es in ihr. Sie wühlte den Sand durch, zuerst konfus, dann nur Hände voll und sie ließ ihn durch die Finger rinnen. "Bitte! Bitte!" flüsterte sie zuerst, bis sie dann wie eine Sirene losheulte. Schnell schickte ich ihr ein paar Traumsegler.

Doch bald fiel sie wieder runter. Das Klicken wurde zum ramm-ratta-damm von Zugrädern. Bella malte auf einem Ausklapptischchen, Mutter las, die Füße neben Bella ausgestreckt. Mit ohrenzerreißendem Bremsen fuhr der Zug in einen nur schwach erleuchteten Bahnsteig ein. Mutter wurde munter, rief Bella im Hinauseilen zu: "Ich schau mal nach, was es zu kaufen gibt", und tauchte dann mit wehender Jacke draußen wieder auf. Bella malte noch ein wenig, legte aber bald alles weg, schob das

Fenster auf, hibbelte rauf und runter. Der Zug fuhr an, beschleunigte. "Mutti! Mutti!" gellte Bella, als sie ihre Mutter weit hinten laufen sah. Sie wartete umsonst, Mutti kam nicht.

Gleich darauf saß die kleine Bella allein inmitten von Koffern in einer lärmdurchzeterten Bahnhofshalle. Leute hasteten an ihr vorbei, ein unaufhörliches Strömen und Schieben. Manchmal wurde sie fast von ihrem Koffer geschubst und schaute ängstlich, ob noch alles da war. Warten und Bangen, Knotenbauch und Schnürkehle. Anzugbeine und Kleiderschwingen sausten vorbei. Nur die Gesichter der hinterher zuckelnden Kinder konnte sie sehen. "Mutti! Mutti!" schluchzte Bella.

"Husch" waren wir an einem Strand. Wellen dümpelten und Bella hüpfte platschend am Ufer, bückte sich hie und da und schaute verzückt auf handtellergroße, feingefärbte Muscheln. Ein "Bella! Bella!" störte sie auf. "Ich fahr' in die Stadt. Bin abends wieder da. Zu Mittag gehst du in den Speisesaal. Unser Kellner weiß Bescheid!" Winken und ein fröhliches "Tschüß". Bella blieb wie versteinert stehen, rannte aber um ein Abschiedsküßchen los. Doch Mutti war schon verschwunden. Bella hockte sich auf die Strandbalustrade, baumelte mit den Beinen, lief ins Hotel und schaute zur großen Uhr hinauf. So lange noch bis zum Abend!

Dann lag sie in diesem Hotel in ihrem Bett, schläfrig döste sie fast ein, fuhr kurz darauf hoch, zögerte, schlich aber doch aus dem Zimmer, tappte barfüßig die vier Stockwerke hinunter, schaute um eine Ecke in den Speisesaal. Erleichtert seufzte Bella. "Da sitzt Mutti ja! Wer ist denn der Mann mit der rosa Brille?" Bella schaute eine Weile zu, wie die beiden aßen, redeten und lachten, bis ihr zu kalt wurde und rannte froh die Treppen wieder hinauf. Ab in die wohlige Bettwärme. Nun konnte sie beruhigt einschlafen! Sie ließ sich ins Schlafdunkel fallen, schreckte aber bald wieder auf, rannte runter... Rauf und runter – rauf und runter – viele, viele Male, bis Schwesterchen Schlaf schneller war.

Bella stöhnte und zwang ihre Augen auf. Ich eilte mit einem feuchten Handtuch und Schokolade herbei. Bella kühlte sich und versüßte den Halbschlaf.

Dann sagte sie traurig: "Immer warten. Alles so unberechenbar. Und Mutti sagte, ich sei so ein artiges, brilliges Kind gewesen. Nicht so wie heute, mit meiner anti-brillschen Aufmuckerei! WOHER DIE WOHL KOMMT – DAS FRAGT SIE SICH NIE! Kein Platz für mich! Keiner! Dabei hab ich doch ... Neulich erzählte sie mal wieder, wie seeeeehr ich sie 'blamiert' hätte, als wir in **Goldstrand** waren. Saßen gerade beim Essen, und ihr Anwalt wäre gekommen – vier Jahre alt war ich damals, und es ging wohl um die Scheidung – und ich hätte ihm gesagt: "Wir teilen uns immer eine Portion, das ist billiger!" – "Was dann?" fragte ich Mutter und es kam heraus, daß der Anwalt daraufhin kein Honorar genommen hätte. "Aber das war doch gut für dich!" meinte ich. Doch bekam ich mit einem dunklen Brillenfunkeln nur zur Antwort: "Sooooo seine Mutter blamieren! Dabei hatte ich es schon schwer genug! Du weißt gar nicht, wie schwer alles war!" Bald darauf – diesmal in der Praxis des Anwalts – er hinter einem wuchtigen, papierverwühlten Schreibtisch, wir wie Winzlinge davor – kletterte ich auf Muttis Schoß, tröstete sie, hielt ihre Brille und wischte ihr die Tränen ab. "Wein doch nicht, ich bin ja da!"

wollte ich ihr Mut machen, doch sie heulte erst richtig los, und der Anwalt begütigte sie mit einem "Aber liebe Frau! Das kriegen wir schon hin. Setzen Sie mal Ihre Brille wieder auf! Dann sehen Sie wieder klarer!" Daraufhin wurde Mutti stocksteif, schnäuzte sich, betupfte ihre Augen, bebrillte sich wieder, hob mich zum Nebenstuhl, sagte gepreßt: "Ja! Recht haben Sie! Entschuldigung! Entschuldigung!" Sie putzte sich noch einmal die Nase, schaute mich an – doch konnte ich ihre Augen nicht sehen – und tätschelte mir über den Kopf."

Bella wischte sich mit dem Handtuch über ihr tränenverschmiertes Gesicht, stand auf, ging zum Rucksack, packte all den verstreuten Kram wieder ein und behielt nur ihr Notizbuch in der Hand.

"Ich schreib' mal was auf, Ira. Ist hoffentlich besser als so'n Schlafen. Ach, in meinen Gelenken reißt es so, in den Beinen auch, und mir ist ganz komisch im Kopf", klagte sie wieder.

"Dein Körper muß sich ja erstmal von all dem Gerauche befreien. Das geht bald vorbei." bemerkte ich.

"Vorbei! Vorbei! Du mußt ja nicht …", schnauzte sie mich an und hielt vor Schreck inne als das Klicken abbrach.

"Mittagspause", flüsterte ich. "Nu' schreib mal!" ermunterte ich sie dann.

Bella schlich zum Schlafsack, wurschtelte sich im Schneidersitz zurecht, klappte ihr Heft auf, kaute lange auf ihrem Kugelschreiber und schrieb ruckartig los.

Ich schaute über ihre Schulter – Bella merkte es gar nicht – und las mit:

Absagen
Das rendez-vous
Mit dem Alten und Kalten
Lossagen
Von der Jagd
Nach eurer Liebe

                                  Denn:
            Auf genetischen Strickleitern
            Hastete ich rauf und runter
            Von meinen guten Geistern verlassen
In Blutsbanden
Verknäult
            Die Stimme des Blutes wetterte laut.
Ihr
  habt euch versagt
    unsägliche Male
      mich verlassen
        nicht gelassen
          so, wie ich bin
            Euch gesetzt
            JEDER UND JEDE
                    absolut.

Zwischen euch
        gab es keine
                Brücken und Schleichwege
Ihr bleibt
        zwei unversöhnte Kontinente
Grenzgängerei
        Lernte ich nur mühsam.
Zwischen euch beiden
        Feldherrn und Machthabern
                    Zerrissen
        Von Euch
        und durch Euch

Noch immer reißt jeder
von seiner Seite!
Zerreißproben sind kein Lebensglück!
Wer "A" sagt
Dem bleibt oft sein "B"
Im Halse stecken.
Neinsagen
erfordert
ein neues Alphabet!
Loslassen
euch friedleere Freudlose
Hänschen klein
und Klotz am Bein
spucken gegen den Wind
Ruhen lassen
Euer Staubgestöber
Aus den Augen
Aus dem Sinn
Und Hin ist weg.
Der nackten Frau
in die Tasche greifen

Denn: **Ab und weg!**

Flieg, Vogel flieg!
Zuende ist der Krieg!
Sage und schreibe
Den Zugriff lösen
Eingreifen und Durchgreifen
Sind abgebrannt.

Denn ich
bin Euer Zündelkind
Bunte Schafe sind nun mal
die schwärzesten
Jaklagen
sind die Mütter des Bleisatzes
Neinfragen
die Töchter im Zauberwald.

"Nicht übel", träumte ich vor mich hin, "ein bißchen pathetisch, aber das wird noch!"

Die Mittagspause war längst vorüber, als Bella nach vielen Pausen, Ausstreichen und eiligem Hinschreiben ihr Heft zuklappte.

"Uffz!" prustete Bella, stand auf und schütttelte Arme und Beine aus. Dann gab's einen Tee und Kekse. Mundgierig stopfte und kaute Bella, sah dann ihre Vorräte durch und beruhigte sich selbst: "Na – das wird schon reichen. Zum Glück habe ich so viel Schokolade eingesteckt! Dauert ja doch länger, als ich dachte. Wenn ich jetzt eine … Na' ich leg mich lieber schlafen. Bin gut müde. Paßt du auf, Ira?" fragte sie dan ängstlich.

"Sicher doch! Und ich weck' dich, wenn's so weit ist. Schlaf, Bella schlaf, der Vater hüt' die Schaf, die Mutter schüttelt's Bäumelein, fällt herab ein Träumelein, schlaf…"

"Ira! Laß doch den Quatsch! Mütterlein hat mir genug Albs geschüttelt!" herrschte Bella mich an.

"Wieso? Ich bin jetzt dein gut Mütterlein und lieb Väterlein, beide zusammen und ich kann dir schöne Träume bringen!" parierte ich.

"Hmm, schöne Träume kann ich nach diesem Marathon gut gebrauchen", murmelte Bella und nestelte sich ein. Ich tat mein Bestes und bald flogen wir auf Paradiesvögeln in die Traumländer Gärten. Dort ließ ich sie zurück, denn ich mußte Wache halten.

19

Kaum war es drüben still, machte ich Tee und setzte Wasser für die Suppe auf. Bella war auch schon munter, und ich brach zum Wasserholen auf.

Als ich zurück kam, löffelte Bella ihre Suppe und knabberte einen Zwieback dazu, tastete dann nach ihren Zigaretten und wurde hibbelig.

"Wolkenloser Himmel", verkündete ich rasch, "der Mond wird auch bald aufgehen, und bis dahin haben wir schon ein gutes Stück geschafft!"

"Geschafft – geschafft" äffte Bella mich gereizt nach, trank aber ihren Tee aus, wusch sich und schob mir den Abwasch hin.

Traumgestärkt ging Bella das Packen flott von der Hand. Vorsichtig stakste sie aus der Röhre, lugte um die Sandverwehung und spähte zu den Ungetümen drüben am Baggerloch. Nur das Wasser plätscherte und das abkühlende Metall knackte.

"Alles klar, Bella?" war mein Startruf, und vom Weg aus ermunterte ich sie: "Der Pfad ist gut!"

Bella folgte mir mit einem "Ich hab' sonne Angst!"

"Du willst doch nicht noch eine Nacht und einen Tag hier bleiben", stichelte ich.

"Bloß nicht!" wütete Bella und marschierte los.

Nach kurzer Zeit erreichten wir den Damm, und Bella schaltete ihre Taschenlampe ein. Sie leuchtete nur den Weg vor ihren Füßen aus, stapfte dahin und atmete schwer. Als der Mond aufging, probierte sie es ohne Taschenlampe. Bald hatten sich ihre Augen an den matten Lichtdunst gewöhnt. Ab und zu schrak sie zusammen, wenn etwas laut ins Wasser plumpste, Rattenartiges vor ihr davonsauste oder Flügelschwingen durch die Luft sirrten. Zweimal machte sie eine Pinkelpause, doch das Kribbeln in ihrem Bauch ließ nicht nach.

Plötzlich preschte Bella los, stolperte und fiel der Länge nach hin. Sie versteckte ihren Kopf unter beiden Armen und erwartete keuchend Mörderhände.

"Bella! Das war doch nur dein Schatten! Der hat sich mit dir bewegt, als du dich umdrehtest!" beruhigte ich sie.

Langsam rappelte sie sich auf und rieb ihre schmerzenden Knie und Hände.

"Ach so", sagte sie kleinlaut.

"Ira? Wann kommt denn endlich dieser Reifensteg?" quengelte sie dann.

"Soll ich nachschaun?" fragte ich.

"Nein! Nein! Bleib lieber hier!" wehrte Bella ab und ging weiter.

Der Mond war schon nah am Horizont, als wir endlich den Steg erreichten.

"Erstmal verschnaufen!" rief Bella und ließ sich runterplumpsen. "Eine rauchen will ich!" brüllte sie dann los, hackte mit den Fersen in den Sand, bis ihre Beine zitterten.

"Atme Bella!

Einatmen – bis fünf zählen – ausatmen – bis zehn zählen! Los! Los! " befahl ich.

Hurra! Bella atmete, fünf mal, zehn mal, fünf mal, zehn mal. Sie wurde ruhiger und stand dann unter "oaaa"-Gestöhne auf. Sie hatte wohl einen großen blauen Flecken bekommen, als ihr vorhin der Rucksack auf den Rücken schlug.

Vorsichtig ging sie auf den Steg zu, mußte eine großen Schritt über Matsch hinweg machen und schwankte gefärlich, als sie mit beiden Füßen auf dem Holzsteg landete. Geschafft! Sie blieb eine Weile so stehen und wartete ab. Dann: einen Fuß vor den anderen, im Schneckentempo, die Arme zur Balance ausgestreckt, schob sie sich voran. Als ihr das zu anstrengend wurde, machte sie größere Schritte, hielt aber sofort an, als das Wasser unter den Reifen gluckste und schwappte. Doch lieber langsam! Das Holz war glitschig. Ein um's andere Mal machte Bella fast Spagat, und es gelang ihr nur mit Mühe, in den Stand zurückzuschliddern. Schweißperlen rannen ihr in die Augenn und sie zupfte unter Verrenkungen ihr Tuch aus der Seitentasche des Rucksacks und band es um die Stirn. Schwankend arbeitete sich Bella voran, lugte ins dunkle Wasser und zum fernen Mond. Schemenhaft hob und senkte sich der Steg vor ihr und zielte in unkenntliche Weiten. Ob Bella schon die Hälfte hinter sich hatte? Sollte ich nachschauen? Lieber nicht, denn Bella schluzte schon wieder auf: "Ich kann nicht mehr!"

"Doch Bella! Du kannst! Verkrampf dich nicht so! Stell dir vor, du wärst ganz leicht, jeder Schritt f-e-d-e-r-leicht!"

Bella schimpfte nicht mal mit mir! Sie sah sich schon samt Rucksack vom Wasser verschlungen.

"F-e-d-e-r-leicht Bella!" rief ich sie zurück und schickte ihr Bilder dazu. Das hatte doch unter der Glühsonne schon geholfen. Es müßte doch auch jetzt…

Ja! Die Innenbilder legten sich über die Welt da draußen, und bald wurde Bellas Voranschieben sicherer. Bei Nachtgeräuschen zuckte sie zwar zusammen, konzentrierte sich aber mit aller Kraft auf ihr Lieblingsbild: eine zart gemaserte weiße Flaumfeder, die in sanften Wellen vor ihr schwebte. Einen Fuß vor den anderen. Schritt für Schritt. Stundenlang? Endlich! Endlich kam das Ufer in Sicht!

"Bella! Wir sind da!" frohlockte ich.

Bella kippelte und brachte sich durch wildes Armrudern wieder ins Gleichgewicht.

"Immer mit der Ruhe!" witzelte ich, aber Bella schnaufte nur und rutschte die letzten Meter wie auf Langlaufskiern. Zwei Holzplanken glitschte sie hinunter und bremste gerade noch rechtzeitig ab. Auf festem Land! Nein – Moder und Matsch, stopplige Soden und Sumpfgras!

"Das Matschmoor, Ira! Wie soll ich denn daran vorbei?" fragte Bella jetzt verzweifelt.

"Bleib stehen, Bella, ich kundschafte mal!" beruhigte ich sie, war schon auf dem Pfad, als sie schrie: "Du kommst doch wieder?"

"Klar! Ich bin gleich wieder da!" schrie ich zurück und versuchte, einen Überblick zu bekommen.

Links breitete sich das Matschmoor aus, rechts das verschilfte Ufer und der Baggersee. Kein Ende in Sicht! Der Pfad bestand aus verrotteten Planken, die an vielen Stellen durchgefault waren.

Aber die würden noch halten, beschloß ich. Dann jauchzte ich auf: die Planken knickten ab und führten durch eine Schneise auf einen Bootssteg! Oh, du selige Träumerei! Sogar ein Boot war am Steg vertäut! Das Wasser darin könnte ich ausschöpfen, während Bella sich ausruhte. Flugs zu Bella zurück!

Bella schluckte und schniefte: "Ira, da bist du ja endlich!" Ihren Rucksack hatte sie abgesetzt und zog sich gerade die Hose hoch. "Beinah' hätt' ich in die …", kickste sie unter Schluckauf.

Ich hätte beinahe laut losgelacht. Schnell verkündete ich: "Bella, da hinten liegt ein Boot – startklar – und der Weg dahin ist auszuhalten."

"Auf diesen schmalen, glibberigen Planken? Ich konnte nie gut rudern!" rief Bella entsetzt aus.

"Bella! Wir müssen hier weg! **Greifzange** wird uns mit seiner Fernsichtbrille ganz bestimmt aufspüren!" hielt ich dagegen.

Unter "wie schreck-eck-lich's" sammelte sich Bella wieder zusammen, setzte die Füße auf die Planken und ging mit kleinen Schritten los. Die Planken schabten aneinander. Unter jedem Tritt schmatzte und gluckste der schwammige Boden. Bella leuchtete den Pfad vor sich ab, blieb stehen, als vor ihr schaumige Pfützen auftauchten, schob aber schnell den rechten Fuß lang, als sie wegzusinken drohte, erreichte die Planke drüben, zog das linke Bein nach, glitschte aber mit dem Schuh in nassen Schleim, beugte sich instinktiv vor und hangelte sich mit den Händen auf den Planken entlang. Schnell hoch, bevor der Rucksack…! Hechelnd richtete sie sich auif und tappte so schnell es ging weiter.

"Nicht mal über nasse Füße beklagt sie sich", wunderte ich mich. Im Gegenteil! Als hätte dieses „Noch-einmal-davongekommen" etwas in ihr geöffnet. Ja! Etwas Hartes und Starkes. Sie biß zwar die Zähne zusammen, pirschte aber viel sicherer voran, atmete tief durch vor Schlammstellen und kam immer heil auf der anderen Seite an!

"Bella, Bellissima!" freute ich mich still.

Es dauerte aber doch lange, bis wir den Bootssteg erreichten. Das Mondlicht hatte sich zurückgezogen, doch hier war es nicht mehr finster, eher grau-vertuscht.

Bella hing ausgestreckt an ihrem Rucksack, und nur mit Mühe konnte ich die Wasserschüssel rausfriemeln. Als das Boot trocken war, untersuchte ich es genau: "Traumlob! Kein Leck!" rief ich Bella zu.

Schwerfällig löste sie die Schulterriemen, schleifte den Rucksack herbei, stieß ihn ins Boot, drehte sich und kletterte unbeholfen ins Boot. Ich legte sofort ab. Das Boot bockte wie auf hoher See, als Bella die Ruder zu Wasser ließ.

"Bella! Vergiß jetzt mal **Greifzange** und denk an die Oase. Hopp! Hopp! Eintauchen – durchziehn – hoch! Rein – durch – hoch .. rein – durch – hoch!" kommandierte ich.

Nach tropfensprühendem Pendeln und Schlängeln fand Bella ihren Rhythmus. Ich peilte das Käppi des untergehenden Mondes an und rief Bella Order zu: "mehr rechts halten – gerade durch – nein nicht links!"

Bella saß ja mit dem Rücken zur Fahrtrichtung und konnte mir nicht reinreden. Ach Bellachen – sie schlug sich tapfer! Immer noch kämpfte sie mit den Rudern. Bald spürte sie Arme und Beine nicht mehr, nur an den Händen stachen aufgeriebene Blasen. Die Dämmerung hauchte feuchtkalte Morgennebel über den See.

Nun saßen wir in einem undurchsichtigen Gewaber. Jeder Ruder-schlag klang dumpf, wie von weither. "Nur nicht verirren!" er-mahnte ich mich und träumte voraus, bis ich das Ufer sah, warf meinen Traumanker aus, und an seiner Leine entlang liefen wir bei Sonnenaufgang auf Sand.

"Bella! Schau mal! Dahinten ist die Oase! So viele Bäume!" juchzte ich.

Aber Bella ließ betäubt die Ruder ins Boot fallen rutschte über den Bootsrand ins knietiefe Wasser, holte das Boot ein, zerrte und schob es mit letzten Kräften hinter Schilf – **Greifzange!** – vertäute es an einer Krüppelweide, sicherte es zum See hin und ließ sich fast schon bewußtlos ins Boot fallen. Sofort schlief sie ein. Ein verspielter Wind zauselte die Schilfhalme rundherum. Ein fernes Klicken kam hinzu und das Plitsch-platsch der Wellen.

20

Völlig verschwitzt wachte Bella auf. Steif, mit schmerzenden Gliedern rollte sie sich auf alle Viere und erhob sich ächzend. Sie lauschte angestrengt, bevor sie aus dem Boot krabbelte. Der Ufersand war feucht, doch Bella sank kaum ein. Mit bleischweren Armen langte sie nach dem Rucksack, stemmte ihn aber erst nach ein paar vergeblichen Versuchen vom Boot auf ihren angewinkelten Oberschenkel und mit einem wütenden Schwung auf den Rücken.

"Zur Oase!" brabbelte Bella. Mit großen Schritten eilte sie auf die Baumgruppe zu.

Es war schon lang nach Mittag, aber die Sonne sengte wie Hammer auf den Kopf. Schnell verzog ich mich in Bellas Schatten und riet ihr: "Trink erstmal einen Schluck!"

Doch Bella stapfte blindwütig drauflos, verlangsamte nur ihr Tempo und wischte sich den Schweiß vom Gesicht. "Raus hier! Bloß raus hier! Zigaretten kaufen!" kreiselte es in ihrem Denken. Na – das war auch ihr Motor im Moment. "Ach du liebe Tagländerin", träumelte ich zärtlich. "Ein Hemmschuh nach dem anderen." Dann verdämmerte ich mich in Bellas Dumpfkopf. Holla! War das nicht Blättergeraschel?

"Geschafft," röchelte Bella fast.

Große Pappeln standen wie Wächter in einem Kreis, doch Unterholzdickicht zwang Bella zu einem letzten Kraftakt. Plätschern und Vogelgezwitscher ermutigten sie.

„Ooooh!" staunte Bella.

Eine mit Gänseblümchen getüpfelte Wiese breitete sich vor ihr aus. Ein kleiner Teich glitzerte in der Sonne und aus einem höher gelegenen Halbrund sprühte Wasser Regenbogentröpfchen. Eine Quelle! Hier!

Während ich noch mit Traumaugen umherschaute, hatte Bella schon alles von sich gestrampelt, lief zum Teich, tauchte prustend ins Wasser, platschte und plantschte. Dann paddelte sie zur Quelle, setzte sich unter das Gestrudel, schüttelte wild ihre Haare und schwamm in den Teich zurück.

Erst als sich das Wasser rotgolden färbte, kam Bella heraus und ließ sich von den letzten Sonnenstrahlen trocknen. Dann hüpfte sie herum und drehte sich zu ihrem "Oh, du lieber Augustin–August-tiin– Augustiiiin"–Singsang, bis ihr schwindelig wurde. Ich jodelte vergnügt mit. Noch vor der Dämmerung hatte sie ihre Sachen gewaschen, das verkrustete Zeugs von den Schuhen gebürstet und alles zum Trocknen auf's Gebüsch gebreitet.

"Ein bißchen Tau kann nicht schaden! Ich leg's morgen früh in die Sonne", sagte sie geschäftig und streifte ihren Pullover über. Gleich rupfte sie ihn wieder runter, salbte ihre schmerzenden Schultern, Arme und Füße und mit schmerzverzerrtem Gesicht die aufgeplatzten, rissigen Handflächen. Pullover wieder über, Haar verwuschelt und ab zum Wasserholen. Süppchen, Zwieback, Tee und Kekse. Zum Trost fünf Schokoladen-stückchen und Kerzenlicht.

Da schlich sich wieder *"Rauch mich – stärk dich*!"* an, und Bella versteckte sich schnell im Schlafsack. Sternengefunkel zog ihre Blicke hoch. Vor lauter Schauen vergaß sie das Gierbeißen, schlief lang ausgestreckt ein und schnarchte mit dem Wasserrauschen um die Wette.

Auf einmal verschluckte sich Bella fast. Oh je! Das hörte sich nach Alb an! Richtig! Sie stand wieder auf dem Steg, der hin- und herschwankte, schneller und schneller. Bella verlor das Gleichgewicht und versank in einer düsteren Unterwasserwelt. Immer wieder streifte sie etwas, was sie nicht erkennen konnte. Bella strampelte sich gurgelnd zur Wasseroberfläche hoch. Der Mond schien und ein glänzendes Silberband erstreckte sich bis zum Ufer. Bella breitete die Arme aus und schwamm los. Lichtperlen rollten über ihre Arme und am Ufer sah sie den Gaukler, von dem sie schon einmal geträumt hatte. Er winkte ihr zu.

21

Der Gaukler breitete seine Arme aus, doch ehe sie zu ihm hinlaufen konnte, fand sie sich auf einer Steilküste wieder. Sie rannte dicht am Abbruch entlang. Unten brandete das Meer, zog zischend seinen Atem ein, atmete aus und sprühte Gischt an Land. Hinter ihr eine Meute dunkler Gestalten. "Gleich werden sie Bella …", erschrak ich. Sie schrien: "Wir kriegen dich! Wir kriegen dich!" Mit ihnen hoppelten Angsthasen mit glühenden Augen und fletschenden Zähnen! Doch als sie auf Armeslänge heran waren, blieb Bella abrupt stehen, breitete ihre Arme aus und sprang.

"Sie fliegt! ", staunte ich.

Mit ausgebreiteten Armen segelte Bella mit den Aufwinden. Ihren Körper mühelos langgestreckt, ließ sie sich tragen und stürzte nicht ab! Dann hielt sie einen Atemzug lang inne, ließ sich nach unten sinken, bewegte ihre Arme wieder und glitt dann in Kurven auf den Strand zu, bis sie Sand unter ihren Füßen spürte. Sie machte noch einige kräftige Sprünge, lief bis zum Meeressaum, blieb stehen und ließ ihre Füße vom Meerwasser umspülen.

Sie schaute sich um und da! In der Ferne, doch gut sichtbar, eine große Strandburg aus Treibholz, mit bunten Wimpeln und Sitzplätzen aus Sand.

Wieder winkte der Gaukler ihr zu.

Bella zog ihre Füße aus den nassen Löchern, die bis zu den Knöcheln vom Sand zugespült waren und rannte los, am Wasser entlang. Sie blieb prustend stehen, atmete tief, schaute auf. Jetzt sah sie viele Gaukler tanzen und singen, lachen und auf Sandtrohnen sitzen, Gedichte deklamieren oder ausgestreckt in der Sonne liegen, dem Stimmgewirr und dem Meer lauschend.

Doch ehe sie die Gaukler erreichte, war die Tageshitze hier in dieser Welt so heftig geworden, daß Bella der Schlafsack zum Backofen wurde.

Hastig riß sie den Reißverschluß auf und wälzte sich auf die Wiese. Nackt torkelte sie zum Teich, tauchte ein, tauchte unter, prustete vor Vergnügen und rief: "Ira! Ira! Ich konnte fliegen! Mit meinem ganzen Körper!" Und sie machte Flugbewegungen mit den Armen, dass es nur so auf dem Wasser klatschte.

Ich lachte und rief: "Hab's gesehen!" Nach einer Weile schritt sie, einen Storch nachahmend, aus dem Teich, stolzierte noch ein paar mal hin und her, trocknete sich in der Sonne, selbstvergessen, in der Schwebe zwischen Geträumtem und der aufsteigenden Sonne.

Dann zog sie sich hastig an, raffte ihre nun trockene Kleidung vom Gebüsch und rief energisch: "Das muß ich alles gleich aufschreiben, auch das, was ich von den Gauklern hörte"

Bella wühlte in ihrem Rucksack, zog dann ihr Heft hervor, setzte sich hin, drapierte es auf ihre Knie und fing an: "Was deklamierte der Gaukler auf dem Sandthrohn? Ach ja:

Wer die Brille absetzt,
kann sehen,
erkennt,
das, was nah ist,
das, was drum herum ist.
Dreh dich um – schau, was hinter dir ist!
Und das, was unsichtbar ist,
ist überall,
wie Luftmeere.
Regenbogen sind Brücken
zu anderen,
zu dir selbst."

Bella hielt inne und schaute in den Himmel: "In den Süden! Zu den Gauklern! Ja!" rief Bella begeistert.

"Aber Bella!" antwortete ich. "Du kennst die Gaukler doch gar nicht!"

"Ach Ira! Wieso auch! Ich will sie doch erst kennenlernen! Und mich auch! Ohne Brillenregeln! Schaun, was ich alles zu sehen bekomme. Was ich erkennen kann. Fühlen, wie es ist, zu tanzen, zu singen, zu tun, wonach mir zumute ist!" Nach einer versonnenen Pause: "Und den Gaukler finden, der mir zugewunken hat!"

"Aber das war doch nur im Traum!" wandte ich ein.

"Träume sind keine Schäume, hast du selber gesagt, Ira!"

Und Bella tagträumte vor sich hin, wie sie mit dem Gaukler Arm in Arm am Meer entlang schlenderte, bis zur Gauklertreibholzburg. Wie er ihr das Südland zeigte, Häuser und Gärten, Parks und Flußufer. Und…" Sie lächelte in sich hinein.

Das kenne ich noch nicht von Bella! Ist der Süden so eine Art Traumland?" fragte ich mich. Doch jetzt erstmal frühstücken und dann weiter!

Als sie an ihren Keksen knabberte, hüpften kecke Spatzen herbei und pickten Krümel auf.

In Bellas Adern zog es wie Feuerfäden – "keine Zigaretten mehr" stieg Panik in ihr auf

"Tief atmen, 5 ein, 10 aus", trötete ich ihr ins Ohr.

Sie erschrak, atmete aber und gar nicht so lange, dann wurde es besser, die verzweifelte Gier nach Rauchen ebbte ab!

22

Dann hatte es Bella eilig: zum Südtor, so schell wie möglich! Zigaretten kaufen! Zum Glück hatte sie genug Spargeld dabei.

Sie rieb ihre Füße ein, auch die kaum noch schmerzende Schulter, zog Socken und Schuhe an, packte den Rucksack und füllte die Wasserflasche an der Quelle, trank ausgiebig – das alles ratz-fatz!

Bella fand eine Lücke im Unterholz, drehte sich noch einmal um, lauschte dem Sing-Sang der Quelle und dem feinen Geflatter der Pappelblätter.

"Auf zum Südtor!" vekündete sie dann und trat hinaus in eine trostlose Weite.

Wie eine Buckelpiste. Plastikfetzen ragten aus der Erde und knatterten im Wind. Bella umrundete ölig schimmernde Pfützen. Welche Richtung einschlagen?

„Hey, halte dich rechts", rief ich ihr zu, „sonst kommst du wieder in **Greifzanges** Nähe!"

Ich hatte schon Ausschau gehalten und in weiter Ferne einen schiefen Bretterverschlag mit einer türkisfleckigen Tür entdeckt.

Bella bog schwungvoll nach rechts ab und stapfte weiter. Ein Lüftchen regte sich und kühlte ihr Gesicht. Hier brauchte sie keinen Stankstopp!

Die Ödnis schien kein Ende zu nehmen. Aber immerhin: keine **Greifzange** auf Fernsichtkontrolle. Als die Sonne vom Zenit sengte, sah ich ein längliches Gebilde: einen Zaun? Ja! Es war ein Zaun aus runden und länglichen Brillengestellen ohne Gläser, wohl über 1 m hoch! Sie waren an den Bügeln mit Draht zusammengefügt. Im Näherkommen konnte ich hindurchschauen und sah Ausschnitte – mal greller Himmel, mal buckelige Haufen. Unten lagen Gestelle mit zackigen Gläserresten, mal im rechten, mal im linken Brillenauge.

"Immer nur Ausschnitte!" empörte sich Bella, als hätte sie mitgeschaut.

"Ich will mehr vom Ganzen sehen!"

"Vom Ganzen... vom Ganzen", flötete es hinter zwei Brillenbügeln und eine kleine Hand kroch über einen leeren Brillenrahmen. Ein runzeliges Gesicht mit zwei blitzenden Knopfaugen kam hervor. Aus dem zugespitzen Mund trillerte es und dann hörte Bella: "Was für ein Vögelchen ist denn da aus dem Nest gefallen?"

„Ich bin kein Vögelchen", schnaubte Bella.

„Nicht doch! Nicht doch!" beschwichtige die kleine Frau und winkte sie durch eine Lücke im Zaun.

„Hast Du den selber gemacht?" fragte Bella versöhnt.

„So nach und nach. Dabei habe ich mal durch einen grauen Brillenglasrest, mal durch einen grünen, mal durch einen roten oder blauen gelinst und manche Gestelle aufgesetzt. Aber nicht zu lange! Sieht man bald nich' mehr klar! Kriegt man Beklemmungen! Mei oh mei – hab' ja Zeit für allerlei", psalmodierte sie plötzlich.

Es knackte unter Bellas Schuhen und als sie sich bückte, sah sie ein zerbrochenes Brillengestell. Ein gezacktes Stück graues Glas steckte noch im linken Teil, gesmokt, fast wie Kristallglas, nur nicht so schön klar.

Nah am Verschlag stand ein kleiner Klapptisch, zwei noch ansehnliche Campingstühle mit verblichenen Rückenlehnen an den schmalen Seiten.

Viele kleine Vogelhäuschen aus Holz oder Fundstücken hingen rechts und links um die Tür der Behausung. Oben, in einem Türkisrest, stand in schwarz: **„Singe lauthals „mi-mi-mi" für Magie und Poesie!"**

Am Zaun waren da und dort Schalen verteilt, gefüllt mit Wasser. Spatzen badete laut tschilpend darin, eine Amsel trank aus einer und eine Meise pickte eine Futterspur Körner auf.

Weiter hinten, zum Brachland, steckte in einem verrosteten Sonnenschirmständer auf einem Besenstiel eine Vogelscheuche. Flatternde Hemdsärmel und Hosenbeine, eine ausgebeulte Hängetasche und ein zerfranster Strohut auf dem breiten Reisigkopf. Die Arme waren ein zweiter Besenstiel, mit Draht notdürftig am ersten befestigt. So wackelten sie leicht rauf und runter. Mitten auf dem Hut stand eine Möwe auf einem Bein, äugte hin und her, stob davon, als sich Krähen näherten. Sie ließen sich auf den Armen nieder, flattern kurz immer wieder auf und brachten so die Arme zum Schaukeln, mal rechts, mal links, krächzten laut und es hörte sich wie Lachen an.

Bella hatte noch nie gesehen, dass Krähen auf einer Vogelscheuche wippten!

Sie setzte ihr Gepäck ab.

Mit Schwung krachte die Tür auf. Die kleine Frau kam mit zwei dampfenden Tassen und noch etwas unterm Arm herbei.

„T'schuldigung! Tut mir leid!" beschwichtigte sie den Tumult aufflatternder Vögel.

Dann stellte sie alles auf den Tisch und lud Bella zum Hinsetzen ein.

„Hier, Kondenzmilch und sogar Zucker", sagte sie stolz.

So ein altmodisches Wort hatte Bella noch nicht gehört. Sie griff in den Rucksack und steuerte Schokolade bei, goß sich „Kondenzmilch" in den Kakao und rührte langsam um.

„Ich bin Bella. Und du?"

„Ich heiße Marie, aber hier bin ich die Vogelfrau.

Vögel bringen – wie der Wind – Geschichten mit.

Und Du? Erzähl mal!"

Bella schwärmte gleich von der Oase, kam dann aber doch auf den schrecklichen Weg dorthin und schließlich auf Kunni Kunterbunt und die Albgespräche.

„Was! Mit den Albs kann man reden?" wunderte sich Vogelfrau.

„Ja, ja! Die wollen doch auch nur gehört werden, wollen dazugehören", bekräftigte Bella.

„Nein! So einfach ist das nicht!" mischte ich mich ein.

Na ja – es dauerte ein Weilchen, bis sich Vogelfrau vom Schrecken erholt hatte und wir uns bekannt machen konnten.

„Manchmal muß man die Albs auch aus Träumen vertreiben! Unser *Oberwolkenschieber* hat dafür das Albabschrecklied gefunden."

Und ich sang, ohne abzuwarten:

Monsterschein und Bleichgefunkel
Bleigefeuer und Lichterdunkel
Spiegelblind und Fratzenrunde
Aufgewacht in Träumerrunde. "

Vogelfrau lauschte andächtig und bat dann: „Schreib' das bitte gleich an meine Tür!"

So schrieb Bella alles, was ich ihr nun diktierte auf ein großes Stück türkis, das nicht abblätterte. Mit einem schwarzen Marker, den sie aus ihrem Rucksack fischte.

Dann saßen wir wieder am Tischchen. Wolkenbänke schoben sich über den Sonnenball. Vogelfrau kam mit zwei Schnapsgläschen und goß ein.

„Kirschlikör für besondere Gelegenheiten", schmunzelte Vogelfrau und schlürfte genüßlich.

Nach einer Weile fragte Bella: „Was ist in der Umhängetasche der Vogelscheuche?"

„Angststeine", antwortete Vogelfrau und leckte das Gläschen aus.

„Angststeine", fragte Bella entgeistert.

„Ja, für jede Angst, die du nicht mitnehmen willst auf deine neue Reise kannst Du Dir einen Stein nehmen, ihn in diese Tasche stecken und hier lassen. Fort und weg!" lachte sie, stand auf und holte ein schartiges Eimerchen voller Steine: kleine, große, runde, zerborstene, weiße, braune, graue und schwarze.

„Kannst so viele nehmen, wie du willst. In der Tasche ist noch genug Platz!" ermutigte sie Bella.

„Welche Ängste will ich hier lassen?" murmelte Bella. Und vor ihrem inneren Auge leuchteten, wie Inschriften: *Nicht gut genug –*

Kann ich nicht – keiner mag mich – Angst vor Gewalt – Verlassensangst – Todesangst.

„Sind sie dann für immer weg?" zweifelte Bella.

„Vielleicht – vielleicht auch nicht. Wer weiß das schon. Aber versuchen ist immer gut", orakelte Vogelfrau.

„Na gut!" entschied sich Bella nach einer langen Pause, nahm 3 Steine – „drei sind aller guten Dinge" – erinnerte sie sich, wählte einen zerborstenen, einen großen und einen schwarzen.

„Ira, nimm du auch einen!" forderte Bella leise.

„Wovor habe ich denn Angst? Na ja, Bella zu verlieren!" und nahm einen schwarzen Stein.

Vogelfrau tätschelte Bella den Rücken und begleitete sie zur Vogelscheuche.

Feierlich öffnete sie die Umhängetasche und ließ einen Stein nach dem anderen aus ihrer Hand gleiten.

Ich legte meinen Stein dazu und nun sagten wir beide laut: „Fort und weg!"

Vogelfrau klatschte in die Hände und fragte: „Willste noch'n Schluck?"

„Och, ja", antwortete Bella erleichtert, machte es sich bequem, prostete dann Vogelfrau zu.

„Wo willst Du denn hin?" fragte Vogelfrau nach einigem Schmatzen.

„In den Süden!" erklärte Bella stolz. „Doch zuerst muß ich zur Südautobahn."

„Ist nicht mehr weit. Immer am Zaun entlang, bis zum alten Wohnwagen der Weisen Frau. Ein Stückchen weiter ist ein Loch im Zaun. Der Pfad dahinter führt zum Parkplatz an der Südautobahn. Bis zum Dämmer schafft ihr das."

„Dann los und danke!" rief Bella, sprang auf, umarmte Vogelfrau und ab die Post.

„Nehmt den Durchlaß und dann links zum Zaun!" rief uns Vogelfrau hinterher.

Bella winkte mit beiden Händen und rief: „Fort und weg! Fort und weg!"

23

Bella fand den Trampelpfad am Zaun entlang.

Nur das Donnern der Lastwagen auf der Schotterstraße zum Südtor war zu hören.

Der hohe Maschendrahtzaun war verrostet und mit Unkraut und Brombeersträuchern überwuchert. Bella ging schweigend voran, bis ich sie fragte:

„Wie geht es Dir eigentlich ohne Brille?"

„Ich sehe Farben! Meine Augen sind gesund! Keine drückende Brille! Kein eingeengtes Blickfeld! Und das Schönste: Ich habe fast vergessen, wie ich mich fühlte, so mit Brille! Ich vermisse sie ganz und gar nicht!!! Bin soooooo froh!!!"

Beschwingt schritt Bella aus, wurde aber nach einer Weile langsamer.

„Ira, Du hast mich auch gefragt, was ich im Süden will:"
Pause

„Mit beiden Augen in die Welt sehen – eben ohne Brille"
Pause

Abrupt setzte sie sich an den Zaun gelehnt hin, trank einen Schluck, zog ihre Notizen heraus, schrieb schnell, strich aus, kringelte weg und schrieb wieder, hielt inne, trank noch einen Schluck. Mindestens eine Viertelstunde lang. Dann klappte sie ihr Heft zu.

„Ach Bella, kann ich auch mal lesen?"

„Na gut, aber sind nur Notizen," klappte sie das Geschriebene wieder auf und hielt es mir hin.

Was will ich im Süden?

Finden – mich verbinden
Mit mir selber
Mit anderen
Mit einem Liebsten
Schritt für Schritt
Mit – mit – mit
Fühlen
Nicht mehr im Nebel wühlen
Mich erkennen – nicht benennen
Mich verstehen – nicht nur aus Versehen
Tief drinnen zu wissen
Und mich nicht mehr vermissen
Mich auf meinen Weg machen
Zum Weinen und zum Lachen
Zum Seufzen, Flüstern und auch Brummen
Manchmal sogar zum Verstummen
Brücken bauen, die auch tragen
An wirklich schlimmen Tagen
Hin zu vielen Menscheninseln
Adé! Adé allen Einfallspinseln!

„Ach Bella, du bist doch schon eine Dichterin." sagte ich zärtlich.

Bella brummelte nur vor sich hin,.

Weiter ging es. Der Sonnenuntergang kündigte sich schon an.

Da: ein rostiger, alter Wohnwagen kam in Sicht.

Ob die Weise Frau zuhause war?

Bella klopfte an eine verbeulte Tür.

Keine Antwort. Nach einigem Zögern öffnete Bella, zog sich hoch, stolperte fast in den Wohnwagen hinein.

Alles war ordentlich – Bett, Sanitärkabine, winzige Küchenzeile und unter einem kleinen Fenster, rechts von der Tür, ein Tisch.

Eine Klappkarte stand auf dem Tisch, mit einem aufgemalten lachenden Gesicht.

Als Bella die Karte öffnete, las sie:

Leider bin ich nicht da. Doch hier Tipps für dich:

Wie der Autobahnpatroulle entgehen: Misch dich in der Mittagszeit unter die Leute auf dem Parkplatz gleich am Tor zur Südautobahn. Setz eine Sonnenbrille auf! Neben dieser Karte findest du eine mit einem täuschend echten Gestell, das aber nur aus Pappe ist,. Stell dich möglichst neben ein Auto mit der Kenn-Nummer „N" für Nacktäuger. Oder schleich dich im Dunkeln an. Das Flutlicht läßt doch einige Schattenstellen.

Gute Reise wünscht Dir die Weise Frau und dieses Blatt darfst du mitnehmen:

Arme ausbreiten als würdest du fliegen
Dich im Fahrtwind wiegen
Dein eigenes Lied singen
Auf gutes Gelingen!

Bella steckte das Blatt zusammengerollt in ihre Umhängetasche, Tränen in den Augen.

Sicherheitshalber nahm sie auch die Pappsonnenbrille mit.

Dann riß sie ihr Gedicht *mein Lied* aus ihrem Heft und legte es neben die Karte.

Mein Lied
Sang und Klang – entlang
Meiner Lebensmelodie
Und nie mehr, NIE
Mitgegangen und mitgefangen.
Jetzt frei in allen Tönen.
Mich versöhnen und verwöhnen
Auf meiner Lebensreise
Auf meine Menschenweise.

Dann legte sie auch noch das Notfallpfeifchen auf den Tisch, schulterte wieder ihren Rucksack und machte sich auf den Weg. Erst später fiel ihr ein, dass sie nicht unterschrieben hatte.

Ihre Taschenlampe war griffbereit, doch noch war es hell.

Weiter am Zaun entlang, einen Schritt vor den anderen.

Was erwartete sie? Bella sann vor sich hin.

Plötzlich Flutlicht, aber auch große Schattenpfützen. Ein Stück vom Südtor wurde sichtbar.

Da! Ein Loch im Zaun!

Bella setzte den Rucksack ab, zwängte sich hindurch, dann ihr Gepäck.

Sie stolperte einen schmalen, sandigen Pfad entlang, bis zu einem ausgedehnten Parkplatz.

Ein großer Lastwagen türmte sich direkt vor ihr auf. Eine Zigarette glühte oben.

„Oh! Ein Nacktäuger!" stellte Bella nach vorsichtigem Nachforschen fest.

Mutig schlich sie sich an, fragte hoch zum runtergekurbeltem Fenster:

"Kann ich auch eine haben?"

Nichts –

Doch dann reichte ihr der Fahrer eine Zigarette runter und murmelte: „Wollte grad los."

Bella wühlte nach ihrem Feuerzeug – da – „zipp" und sie inhalierte den Rauch, mußte husten.

„Was machst du hier?"

„Will in den Süden. Hab meine Brille und meine Vergangenheit auf der Müllkippe gelassen."

„Na, dann steig mal ein! Aber paß auf! Komm vorne rum, damit du im Schatten bleibst."

„Ja Ira, im Schatten bleiben!" sagte ich mir. Und was erwartet mich?

Bella pirschte im Dunkeln vorne um das Fahrerhäuschen.

Dann schwang die Beifahrertür auf. Sie hievte sich und ihren Rucksack schnaufend hoch und plumpste auf den Sitz.

„Na, verstau' erstmal Dich und Dein Gepäck", brummte der Lastwagenfahrer und zog an seiner Zigarette. Ein freundliches, fast väterliches Gesicht leuchtete kurz auf.

Bella fand ein Plätzchen, stopfte auch noch ihre Jacke weg. Dann ruckelte sie sich zurecht und schaute fröhlich durch die große Frontscheibe.

Motoranlassen, Dröhnen, holpriges Anfahren.

Jetzt folgen sie den Scheinwerferaugen in die Nacht, gen Süden.

Singe lauthals „mi-mi-mi"  für Magie und Poesie

Zeitfracht Medien GmbH
Ferdinand-Jühlke-Straße 7
99095 Erfurt, Deutschland
produktsicherheit@kolibri360.de